CAHIERS

DU

PROLÉTARIAT

AN 86

DE LA RÉPUBLIQUE FRANÇAISE

Adresser les souscriptions, communications et réclamations à M. Eugène Chevallier, 9-11, rue du Jour, à Paris.

AUX TRAVAILLEURS
DES VILLES ET DES CAMPAGNES

Les *Cahiers du prolétariat français*, que nous commençons, sont aussi nécessaires, aussi urgents que l'étaient les Cahiers présentés, au nom du peuple français, à l'assemblée nationale, en 1789.

Nous faisons appel à tous les travailleurs pour les engager à nous venir efficacement en aide, afin de nous donner les moyens de mener à bien cette importante publication.

Nous disons à tous : adressez-nous vos idées de réformes, vos projets d'améliorations et nous publierons vos communications quand elles repondront à notre devise : *Liberté, Egalité, Fraternité, Solidarité, Vérité, Justice.*

Nous ne sommes pas des sectaires; nous recevrons avec bienveillance tout ce qui pourra servir les intérêts moraux et matériels du peuple.

Il y aura donc des nuances dans les doctrines exprimées, des différences dans les opinions soutenues; ce sera un grand avantage, car, c'est ainsi que la vérité se dégage. — Chacun signant son article, les responsabilités seront personnelles.

Le premier volume se composera de dix livraisons de 32 pages in-8, à 25 centimes la livraison, adressée franc de port en France.

Ce prix n'est pas élevé, et il ne pourrait être diminué sans danger pour la réussite de l'œuvre.

En souscrivant à cette publication collective, vous ferez acte de solidarité ; en le faisant avec une entière confiance, vous nous donnerez une marque d'estime, qui augmentera la force dont nous avons besoin pour faire tout le bien que nous nous proposons.

Accoutumons nous à travailler les uns pour les autres, dans un esprit de solidarité bien entendue, mettons une confiance raisonnée au service des hommes d'abnégation dévouée, qui sont malheureusement trop rares. — Nous sommes de ce nombre, et nous devons être crus, dans l'intérêt démocratique que nous voulons servir et défendre avec vous.

Nous demandons le concours actif de quelques citoyens dans chaque département, pour propager nos cahiers, pour se charger de la correspondance et pour nous envoyer les fonds souscrits, en un bon sur la poste, plutôt qu'en timbres.

Nous adressons notre premier cahier au Congrès ouvrier de Lyon. Nous mettons notre entreprise sous les auspices de tous les délégués réunis à cette assemblée du travail, et nous espérons que notre œuvre, toute fraternelle, recevra de tous l'accueil bienveillant que nous ambitionnons.

BALON, ferblantier ;
CATINAUD, galochier ;
E. CHEVALLIER, instit^r-libre;
CHOIX, cordonnier ;
Mlle CHOIX, papetière ;
GENTY, tailleur ;
HABAY, jeune, cordonnier ;
E. PHILIPPE, arquebusier,
PUGET, horloger ;
RATTIER, comm^{re} en librairie ;
THÉNARD, graveur ;
VALLÈRE, galochier,

VILLEROUX, architecte;
Mme WIGURSKA, lingère ;
Mme JAILLET, lingère ;
Mme SAINT-HILAIRE, artiste ;
LEBESGUE, sellier ;
LORRAIN, gantier ;
VERNEUIL, typographe ;
BUSSE, cordonnier à Blois;
R. PAPIN, cordonnier à Conlaines, près Le Mans ;
PETIT (Jules), mouleur, à Lens;
GILBERT, à St-Remi-s/-Durole.

AUX TRAVAILLEURS
DES VILLES ET DES CAMPAGNES

—

Les *Cahiers du prolétariat français*, que nous commençons, sont aussi nécessaires, aussi urgents que l'étaient les Cahiers présentés, au nom du peuple français, à l'assemblée nationale, en 1789.

Nous faisons appel à tous les travailleurs pour les engager à nous venir efficacement en aide, afin de nous donner les moyens de mener à bien cette importante publication.

Nous disons à tous : adressez-nous vos idées de réformes, vos projets d'améliorations et nous publierons vos communications quand elles répondront à notre devise : *Liberté, Egalité, Fraternité, Solidarité, Vérité, Justice.*

Nous ne sommes pas des sectaires; nous recevrons avec bienveillance tout ce qui pourra servir les intérêts moraux et matériels du peuple.

Il y aura donc des nuances dans les doctrines exprimées, des différences dans les opinions soutenues; ce sera un grand avantage, car, c'est ainsi que la vérité se dégage. — Chacun signant son article, les responsabilités seront personnelles.

Le premier volume se composera de dix livraisons de 32 pages in-8, à 25 centimes la livraison, adressée franc de port en France.

Ce prix n'est pas élevé, et il ne pourrait être diminué sans danger pour la réussite de l'œuvre.

En souscrivant à cette publication collective, vous ferez acte de solidarité ; en le faisant avec une entière confiance, vous nous donnerez une marque d'estime, qui augmentera la force dont nous avons besoin pour faire tout le bien que nous nous proposons.

Accoutumons-nous à travailler les uns pour les autres, dans un esprit de solidarité bien entendue, mettons une confiance raisonnée au service des hommes d'abnégation dévouée, qui sont malheureusement trop rares. — Nous sommes de ce nombre, et nous devons être crus, dans l'intérêt démocratique que nous voulons servir et défendre avec vous.

Nous demandons le concours actif de quelques citoyens dans chaque département, pour propager nos cahiers, pour se charger de la correspondance et pour nous envoyer les fonds souscrits, en un bon sur la poste, plutôt qu'en timbres.

Nous adressons notre premier cahier au Congrès ouvrier de Lyon. Nous mettons notre entreprise sous les auspices de tous les délégués réunis à cette assemblée du travail, et nous espérons que notre œuvre, toute fraternelle, recevra de tous l'accueil bienveillant que nous ambitionnons.

BALON, ferblantier ;	VILLEROUX, architecte;
CATINAUD, galochier ;	Mme WIGURSKA, lingère ;
E. CHEVALLIER, instit^r-libre;	Mme JAILLET, lingère ;
CHOIX, cordonnier ;	Mme SAINT-HILAIRE, artiste ;
Mlle CHOIX, papetière ;	LEBESGUE, sellier ;
GENTY, tailleur ;	LORRAIN, gantier ;
HABAY, jeune, cordonnier ;	VERNEUIL, typographe ;
E. PHILIPPE, arquebusier,	BIÉSSE, cordonnier à Blois ;
PUGET, horloger ;	R. PAPIN, cordonnier à Conlaines, près Le Mans ;
RATTIER, comm^{re} en librairie ;	PETIT (Jules), mouleur, à Lens;
THÉNARD, graveur ;	GILBERT, à St-Remi-s/-Durolle;
VALLÈRE, galochier,	DROUARD, cordier à Mézières.

LES PLAIES SOCIALES

—

I.

Les plaies sociales augmentent avec la civilisation, parce que notre civilisation manque de cœur ; elle est égoïste au lieu d'être humanitaire : elle favorise les intérêts de quelques-uns, au lieu de vouloir la justice pour tous.

La raison, cependant, si nous voulions l'entendre, nous dirait que la vie collective d'une société humaine doit avoir pour base la solidarité ;

Que s'il y a de trop grandes inégalités dans la position des citoyens, la nation doit en être profondément troublée.

Il faudrait donc introduire dans notre République, une force démocratique bien résolue à aider les faibles, pour leur faire remonter l'échelle sociale.

*
* *

Nous avons dans notre société française deux aristocraties puissantes et une démocratie infirme, au moral comme au physique.

Au premier rang, est l'aristocratie cléricale, qui étouffe la raison et les aspirations du peuple, par son enseignement abrutissant, par ses manœuvres ténébreuses et par ses pratiques audacieuses ou hypocrites, suivant les circonstances.

Au second rang, est l'aristocratie bourgeoise et mercantille, qui s'érige en classe dirigeante et qui prétend maintenir la multitude sous sa tutelle, pour faire tourner à son profit tous les avantages de l'association.

Vient enfin la masse des prolétaires, qui souffrent et s'agitent sans pouvoir trouver une place convenable dans la famille sociale, qu'elle nourrit et qu'elle entretient par ses travaux pénibles et incessants.

Je ne parle pas des partis politiques, qui augmentent encore le mal par leur égoïsme.

Je ne mets pas non plus dans mon énumération quelques honorables exceptions, qui existent par groupes ou par individualités bienveillantes ; j'établis une règle générale du mal social.

* *

Il y a, dans la société française, de grandes injustices que les puissants ne veulent pas faire cesser. Il y a des dangers effrayants qu'ils ne veulent pas voir.

Les riches accumulent des richesses par tous les moyens ; ils s'emparent des instruments perfectionnés du travail, pour s'en servir à leur profit et contre l'ouvrier, qui n'a que ses bras, et qui ne peut par conséquent soutenir la concurrence.

En continuant de progresser ainsi, où allons-nous ? Aux abîmes, évidemment.

Un peu moins de politique conservatrice, s'il vous plaît, Messieurs nos législateurs, et beaucoup plus de réformes radicales, si vous voulez vivre avec nous dans la paix et dans l'union.

Vous avez tout, nous n'avons rien, et vous voulez toujours accumuler à nos dépens ; c'est une mauvaise plaisanterie, car vous avez la prétention de vous occuper de nos affaires et de représenter nos intérêts. Comme on se moque de nous, pauvre peuple !

Jusques à quand, ingrate bourgeoisie, abuserez-vous de notre confiance !

II

La bourgeoisie a oublié son origine, ou plutôt veut se faire illusion sur son origine. Elle a amassé des richesses, et elle croit ou veut faire croire que la fortune lui a donné une nature supérieure et le droit de diriger le troupeau humain, qu'elle considère comme une classe inférieure à elle.

Cette manière de raisonner et de pratiquer la vie sociale n'est ni généreuse ni intelligente ; elle a déjà produit parmi nous des maux presqu'incurables, et une désaffection qui va tous les jours en augmentant.

Nous ne lui voulons pas de mal, à cette bourgeoisie, à cette sœur aînée du peuple ; mais si elle veut mieux finir que les classes privilégiées de l'ancien régime, qu'elle se hâte de rentrer dans l'élément populaire, d'où elle n'aurait jamais dû sortir. Qu'elle tende une main fraternelle aux prolétaires, qui, par sa faute sont dans la misère.

Si, par égoïsme, son cœur se ferme ; si, par orgueil, sa raison ne lui ouvre pas les yeux, elle subira, quand le mal débordera, la peine que sa dureté et ses calculs machiavéliques lui auront mérités.

La bourgeoisie, pour se réhabiliter, doit effacer

entre elle et le peuple, toute ligne de démarcation ; elle doit se servir de son pouvoir actuel pour élever tous les hommes au rang de citoyens complets, par l'instruction et par toutes les réformes capables d'établir, dans notre pays, la dignité et le bien-être que les institutions jésuitiques, qui durent encore, diminuent de plus en plus.

L'accord de la bourgeoisie et du clergé, pour opérer un travail infernal, perdront la bourgeoisie et le clergé, s'ils ne changent pas de route, s'ils ne reviennent pas à la voie droite de la vérité, du droit et de la raison.

*
* *

Quatre-vingt-neuf a été une délivrance, quatre-vingt-treize a été un combat redoutable ; les dernières années du xviiie siècle ont préparé la réaction que Bonaparte est venu réglementer despotiquement, comme consul d'abord, comme empereur ensuite.

Depuis 80 ans, la grande préoccupation de la nouvelle aristocratie, née de la Révolution, a été d'entraver, par tous les moyens, la marche régulière de la Révolution.

L'aristocratie sait bien que les conséquences naturelles d'un gouvernement démocratique, c'est l'éducation civique du peuple, lequel acquerrerait, avec l'instruction, les vertus sociales nécessaires pour exercer avec fermeté les devoirs et les droits qui font les bons citoyens dans une république.

La classe dirigeante sait bien qu'un peuple instruit et sage se dirige lui-même, ce qui ne ferait nullement les affaires des parasites vivant à nos dépens, en abusant de notre faiblesse et de notre ignorance.

Il n'est donc pas difficile de comprendre pourquoi

la bourgeoisie et la théocratie se rapprochent, quoiqu'il y ait entre elles peu de sympathies au fond ; mais l'union de ces puissances peut entretenir l'ignorance, et par conséquent, la superstition, les abus, les vices et la misère.

Nous devons comprendre facilement, nous, peuple, que pour détruire les maux sociaux, il faut nous instruire et nous unir.

Par une instruction nationale républicaine, nous aurons peu d'abus, beaucoup moins de vices, et, par la solidarité, beaucoup moins de misère.

A l'œuvre donc, les amis de la justice ; à l'œuvre, les amis du progrès ; instruisons-nous ; unissons-nous, associons nos efforts ; mettons en commun nos idées et nos sentiments généreux. Ensemble, combattons pour la vérité, pour la paix sociale, pour le bonheur de l'humanité.

Eugène CHEVALLIER,
Instituteur libre.

SOLIDARITÉ

Dix mille travailleurs, mettant en commun 25 centimes par jour, pendant 400 jours, formeraient un capital *d'un million de francs.*

Un sou, prelevé sur les 37 millions de français, formerait, par jour, la somme de *un million huit cent cinquante mille francs* ; à la fin d'une année, *675 millions* ; en 540 jours, *un milliard.*

Les hommes feront de grandes choses quand ils comprendront la solidarité.

E. C.

LES RELIGIONS & LA CONSCIENCE

I

Je ne veux parler contre aucune religion, ni contre aucun dogme, en particulier ; je veux seulement établir un parallèle entre le dogme, quel qu'il soit, et le raisonnement d'où émane la conscience.

L'homme possède à l'état latent, du moins, le jugement qui se developpera d'autant plus qu'il trouvera souvent l'occasion de l'exercer.

Malheureusement, dans toutes les civilisations que nous présente l'histoire ancienne ou moderne, la conscience a été étouffée par le dogme. Les prêtres, qu'ils parlent au nom de Boudha, de Jupiter ou de Jehova, disent aux hommes : Le maître de l'Univers nous a donné la connaissance du bien et du mal, si tu fais le mal, il te punira, si tu fais le bien il te recompensera ; C'est à nous qu'il a indiqué la route à suivre. Si ta raison se révolte, ne l'écoute pas, elle te trompe. Ta raison, c'est l'esprit du mal. N'écoute que la crainte de Dieu et des châtiments qu'il te réserve, si tu n'obéis à ses prophètes.

Ils veulent que l'âme soit responsable ; mais ils ne lui reconnaissent pas la faculté de se diriger seule.

Nous, qui ne professons aucune religion, nous

mettons l'homme beaucoup plus haut que ceux qui se disent éclairés de la lumière divine. Nous le croyons doué d'un esprit perfectible.

Nous sommes convaincus qu'il peut augmenter sans cesse son bien-être moral et matériel ; qu'il peut faire que ce bien-être soit général et justement réparti.

Nous ne voulons pas, comme eux, anéantir en lui les passions ; mais nous pensons qu'il est capable de les équilibrer, et de les régler de façon qu'aucune ne puisse le faire souffrir, ni le porter à faire souffrir les autres. Si alors Dieu n'est pas content il sera difficile.

S'ils voulaient savoir ce que nous pensons de Dieu, nous pourrions, d'abord, leur demander ce qu'ils entendent par ce mot ; mais ce serait inutile, nous savons d'avance leur réponse.

Le Dieu qu'ils nous présentent a toutes les qualités et, surtout, tous les défauts des despotes qui régnaient au moment où ils l'ont inventé. Il est vindicatif et mesquin, il est partial, et favorise les uns au détriment des autres ; il punit les enfants du crime de leurs pères ; il s'amuse a arrêter le soleil, au risque de détraquer la mécanique céleste. Mais ce qui est le plus insensé de sa part, c'est qu'ayant créé l'homme intelligent, et par conséquent désireux d'apprendre, il le condamne à l'obéissance passive et à l'ignorance perpétuelle.

Eh bien ! nous disons, nous, que s'il existe un foyer autour duquel gravitent les intelligences humaines, ce n'est certainement pas ce vieux bon Dieu là, comme a dit Victor Hugo.

Mais, au risque d'être traité de matérialiste déguisé par les sacristains, je n'irai pas plus loin dans la métaphysique. Je considère la théologie comme une science peu sérieuse, et qui ne profite guère qu'aux gens qui en ont le monopole. Je crois qu'il vaut mieux rechercher les causes des maux dont souffre la société, que de bâtir des hypothèses sur le rôle de Dieu dans la nature.

Une des causes les plus évidentes des injustices et des plaies sociales, est certainement le despotisme moral exercé sur la raison humaine par les religions.

La force brutale des conquérants n'aurait asservi les peuples que momentanément, et encore cette servitude n'eût été qu'apparente, sans l'appui moral des religions, car un homme n'est jamais complétement esclave tant que sa conscience lui crie qu'il a le droit et le devoir de s'affranchir.

Lorsque le prêtre est venu dire au vaincu, que le diable le brûlerait s'il ne se soumettait au joug du vainqueur, la domination du plus fort a pu s'établir d'une façon durable.

« Il est à remarquer que les prédicateurs ont
« toujours eu beaucoup plus de succès, avec la crainte
« du diable qu'avec l'amour de Dieu ; la raison en est
« que, dévoyés par l'éducation théocratique, ils excel-
« laient à peindre ce qu'est un bourreau, mais étaient
« incapables d'imaginer ce que doit être un père. »

II

En France, la croyance religieuse a beaucoup diminué, elle ne pouvait tenir, surtout dans ce que l'on appelle la bourgeoisie, contre l'esprit philosóphique moderne et les nouvelles découvertes scientifiques.

L'esprit jésuitique a remplacé la foi ; la piété n'est plus que l'apparence, et n'a pour but que la conservation des abus sociaux, basée sur les imperfections morales du plus grand nombre.

Cette aristocratie nouvelle, qui avait suivi Voltaire dans sa révolte contre le dogme, et qui crut la révolution finie lorsque les vieux priviléges se sont inclinés devant le capital, voit bien à présent qu'elle ne peut maintenir le peuple en tutelle qu'avec l'aide du clergé.

La bourgeoisie a cru un moment que le Césarisme pouvait résoudre le problème de l'ordre conservateur à perpétuité, mais elle s'est bientôt aperçue que l'empire l'avait exploitée comme il a exploité le peuple.

*
* *

Il ne faut pas croire que c'est seulement dans les écoles congréganistes que l'éducation est funeste au bon sens ; le jésuitisme s'est fourré partout : partout on exerce les enfants à l'obéissance passive, partout on leur interdit de penser.

Dans les écoles supérieures, où les professeurs ont presque à faire à des hommes, il serait difficile de ne pas raisonner du tout, mais on évite autant que possible ce dangereux exercice, en cultivant exclusivement la mémoire qui doit tenir lieu de toute autre faculté. Il n'est pas rare de rencontrer des jeunes gens instruits qui seraient incapables de dire, si une chose à laquelle ils sont habitués est juste ou injuste ; leur moralité est toute de convention, et pour eux tout est bien qui est dans l'usage.

Il ne restera à l'homme, ainsi élevé, aucun principe religieux ; mais il pratiquera pour l'exemple, il sera intérieurement sceptique, athée et s'estimera très-heureux d'être débarrassé, grâce à son esprit positif, d'une trinité qui aurait pu le chicaner après sa mort sur certains actes très-ordinaires, quoique peu édifiants de son existence.

Il en est néanmoins un certain nombre qui se redressent au sortir des écoles, comme ferait une tige d'acier à laquella on aurait imprimé une courbure : lorsque la force cesse d'agir sur elle, la tige redevient droite.

Dans le peuple où l'on ne reçoit qu'une éducation fort incomplète, on est moins dépourvu des qualités viriles inhérentes à la nature humaine. On est brave et généreux et l'on s'indigne des infamies quand on les comprend ; mais il arrive souvent qu'on marche dessus sans les voir ; on n'a pas eu le raisonnement faussé, mais il n'a pu le développer faute d'exercice.

C'est ce qui fait que, malgré leur vertu relative, les travailleurs ne réussissent pas à s'affranchir de la tutelle d'une aristocratie financière corrompue.

*
* *

La question sociale est intimement liée à la question politique, et l'on doit d'abord les envisager au point de vue moral avant de les envisager au point de vue matériel.

Il est impossible d'être socialiste sans être républicain démocrate, comme il est impossible d'être démocrate sans être libre-penseur. Ceux qui sont dans l'un de ces deux cas n'ont pas suffisamment réfléchi, car ils devraient voir que le dogme, si pur qu'il soit, tend toujours à restreindre la liberté ; et qu'un trône, si populaire qu'il paraisse, provoquera toujours de la part des sujets des complaisances serviles, et de la part du souverain des faveurs imméritées.

La justice ne régnera réellement que lorsque les hommes seront affranchis de toute croyance en désaccord avec la raison et qu'ils conformeront leur conduite aux aspirations de leur conscience.

THÉNARD,
Graveur.

L'instruction fait tout : C'est la source féconde. de l'ordre. durepos et du bonheur social.

VOLTAIRE.

LA MÈRE ET L'ENFANT.

Actuellement, la société est malsaine ; cherchons à l'assainir : c'est notre devoir, à nous Républicains.

Signaler les côtés obscurs, attaquer les parties vicieuses de la société est un devoir d'autant plus important que le triomphe de la république est à ce prix.

Il faut surveiller l'enfant, même dans le ventre de sa mère ; une femme enceinte a droit à tous nos égards, et ne doit point être assujettie aux travaux mercenaires.

Epargnons au petit être qui vient prendre part au banquet de la vie, du deshonneur que le préjugé fait tomber sur sa naissance.

La chétive créature, devenue homme, fera peut-être honneur à l'humanité, sera peut-être classée au nombre des grands citoyens.

E. SAINT-HILAIRE.

FRAGMENTS

**Des mémoires inédits d'UN ENFANT DU PEUPLE, par
E. RATTIER, ancien sous-officier au 48ᵐᵉ de ligne,
ancien représentant du peuple.**

—

.... Le Socialisme ? Je cherche en vain ce que
ce mot peut avoir d'horripilant. Cela tient peut-être à
l'habitude que j'ai prise de le considérer comme ex-
primant clairement ce qu'il semble dire ? J'ai beau tor-
turer mon esprit, ma raison, je n'y vois rien d'effrayant,
au contraire ; c'est le mot le plus rationnel dont on puisse
se servir pour exprimer l'idée synthétique de tous les
progrès, de tous les efforts de la collectivité humaine
vers la perfection, vers le mieux être moral, intellectuel
et matériel de tous et de chacun, dans la société
humaine.

J'ai quelque peu voyagé depuis le jour ou j'ai eu
le mauvais goût, dit-on, de protester et de trouver mauvais que la trop spirituelle réaction d'alors employât
notre sang, nos armes, et notre argent, pour aller détruire la République Romaine et restaurer le Pape en
vertu du *Concordat* et en violation de notre Constitution.

Dans mes pérgrinations, j'ai pu voir ce qui se
passe au dehors et juger des différents travers des diverses nations au milieu desquelles j'ai vécu. Eh bien !
il me faut l'avouer, à mon grand regret, je n'en ai pas

rencontré d'aussi sottement spirituelle, d'aussi attachée que la notre à ses préjugés les plus mal fondés, et surtout d'aussi aveugle dans ses erreurs.

.... Quand donc, ô Français que nous sommes ! cesserons-nous d'avoir tant d'esprit et si peu de sens commun ?

Le plaisir de faire un jeu de mots nous fait commettre les plus grandes, les plus irrémédiables sottises.

Un mot heureux ou malheureux, chez nous, fait un cretin ou un grand homme, quand ce mot est ou non dit à point, même quand il signifie le contraire de ce qu'il a la prétention de signifier.

Nous avons le *Radicalisme* qui, aujourd'hui, fait fureur. Tout le monde s'en sert.

En effet, chacun dans son parti peut être radicalement honnête ou radicalement coquin et vouloir aller jusqu'au bout de son honnêteté ou de sa coquinerie.

Pourquoi, d'un mot que tous peuvent s'appliquer, faire une enseigne que chacun peut prendre à son gré ?

Nous avons le *Conservatisme*. Ah ! ! ! celui-là est un des meilleurs.

Demandez-nous, par exemple, si nous voulons conserver la République et le faible butin de liberté, qu'au prix de tant de souffrances et de sang répandu, nous avons conquis ?

Demandez au ventripotent s'il veut conserver sa fortune plus ou moins bien acquise ; au courtisan s'il veut conserver les faveurs dont il jouit et abuse, aux dépens de sa dignité, de son honneur et trop souvent de notre repos et de notre bourse.

Demandez surtout à Bazile s'il veut conserver son droit à la calomnie, son goupillon à manche d'or et surtout le *Concordat* qui lui sert à le dorer à nos dépens.

Veuillez donc nous demander, s'il vous plaît, si nous ne serions pas heureux de conserver, pour instruire nos enfants, l'argent que le budget des cultes nous soutire ?

Nous avons aussi l'*Opportunisme*, qui consiste à trouver tout *inopportun* et que je répudie, pour cette seule raison que je trouverais *opportunes* une foule de mesures et de réformes, dont le *Pontife* de l'*innopportunisme* ne veut pas entendre parler.

Dirais-je un mot de l'*Intransigeance*, qui ne me paraît pas beaucoup plus heureux, car, à part les principes sur lesquels l'honnête homme ne peut transiger, la vie tout entière est faite de transactions.

A force d'employer des mots à double entente, à sens confus, nous obscurcissons la voie que nous prétendons éclairer ; nous rendons inabordables les questions les plus limpides, les plus compréhensibles et nous sommes surpris d'avoir, pour adversaires, les hommes souvent les mieux faits pour nous comprendre, et pour marcher avec nous la main dans la main.

Sans chercher bien loin des preuves et des exemples, j'ai sous les yeux, à l'heure présente, la lettre d'un démocrate, qui veut le droit de réunion, la liberté d'association, l'instruction laïque, gratuite, obligatoire, professionnelle, qui, j'en suis convaincu, fournirait sa quote-part à une caisse générale de chômage, de vétérance, de retraite, etc., etc., et pourtant *j'ai sous les yeux*, cette lettre dans laquelle il me dit : « *Je répudie le socialisme.* »

Pourquoi répudie-t-il le socialisme ? C'est que, pour lui, ce mot signifie communisme, ce communisme dont les premiers chrétiens ont fait une application qui dure encore et se perpétue dans les communautés religieuses, au détriment de la vraie morale et de la société civile.

Ce mot signifie phalanstérianisme, cette brillante et profondément scientifique utopie qui ne pèche que par l'impraticabilité et par le côté autoritaire, poussé jusqu'à l'*omniarchat*, c'est-à-dire la quintescence de la monarchie universelle.

Il signifie Babœuf, Enfantin, Prudhon, etc., etc. C'en est assez pour être, aux yeux d'un grand nombre de republicains sincères, mais prévenus contre le mot, un véritable épouvantail.

Ce démocrate, dont je parle ci-dessus, c'est à peu près monsieur tout le monde, à qui pourtant je n'en veux pas pour cela, car, il faut bien le reconnaître tous les jours, monsieur tout le monde fait du socialisme, comme monsieur Jourdain faisait de la prose sans s'en douter.

Prenons donc, autant que la chose se pourra, l'énergique résolution de réagir contre les mots à entente multiple et contre notre tendance à faire de l'esprit; disons tout bonnement les choses, afin d'être compris de tous. Rangeons, à l'avenir, parmi les socialistes les plus résolus, les républicains qui veulent que la République soit la voie largement ouverte pour toutes les réformes utiles à la société.

Quiconque ne veut plus voir l'enfant mourant d'inanition, suspendu au sein d'une mère épuisée par la faim, le travail et la misère ; quiconque veut que cet enfant soit sain de corps et d'esprit, que le même enfant devenu adulte ait une connaissance parfaite de ses droits et surtout de ses devoirs envers la société à laquelle il devra son éducation civique, son instruction et ses talents; quiconque veut que le père de famille n'ait plus en perspective *l'Hopital* ou le *coin de la borne*, après une longue et laborieuse existence.

Tous ceux, en un mot, qui veulent tout le bien et ne veulent plus le mal sont socialistes, et je dirai plus, sont socialistes fervents.

Qu'ils veuillent ou non répudier le mot : ils veulent ce que tous nous voulons, la PAIX et le BIEN-ÊTRE SOCIAL.

Ils veulent la *chose* ; donc, bon gré malgré, et ne leur en déplaise, ils sont socialistes, à moins que l'horreur du mot ne les rejette au milieu des égoïstes et des malhonnêtes gens.

E. RATTIER,
Commissionnaire en librairie.

Pour atteindre la vérité, il faut, une fois dans sa vie, se défaire de toutes les opinions qu'on a reçues et reconstruire tout le système de ses connaissances.

DESCARTES.

LA COOPÉRATION CORPORATIVE

—

Je vais, avec mes faibles ressources intellectuelles, essayer de vous démontrer la nécessité de la coopération telle que je la conçois; les associations qui se sont formées jusqu'à ce jour ne peuvent pas, selon moi, se qualifier du nom d'association corporative.

Ce ne furent jamais que quelques membres intelligents et égoïstes qui, ne voulant plus supporter le joug du patronnat, se groupèrent non dans le but d'émanciper leurs collègues, mais uniquement par intérêt personnel.

Ce qui le prouve, ce sont les difficultés d'accès, tels que: limite d'âge, présentation, etc., que contiennent leurs statuts, ne faisant jamais appel à la corporation, et se renfermant dans un cercle très-restreint.

Je ne crois pas qu'on puisse juger l'association coopérative sur les tentatives faites par des groupes qui n'avaient pour but que l'intérêt et la répartition des bénéfices, selon l'apport de l'actionnaire. Je crois être dans la vérité, en disant que toutes ces répartitions, ces intérêts donnés au capital, en ruinant la caisse sociale, tuent la société.

Dans le volume des *Séances du Congrès ouvrier de France*, tenue à Paris, du 2 au 10 octobre 1876, j'ai lu dans le rapport de M. Finance, à la page 336, quelques mots d'un écrit de M. Lockroy, qualifié de spirituel par M. Finance et intitulé : *A bas le progrès*, ces mots : « Les « progrès matériels, sans les progrès moraux, condui- « sent un peuple à l'abrutissement et à la servi- « tude. »

Qui donnera ces progrès matériels et moraux ?

A la même page, je lis ceci de M. Singuerlet : « Avant de prétendre affranchir l'ouvrier du joug du « capital, qu'on le délivre du joug plus lourd encore de « l'ignorance. »

Qui délivréra l'ouvrier du joug de l'ignorance et du capital ? Les deux citoyens ci-dessus dénommés ? — Non !

C'est le besoin, la nécessité, qui fera rechercher à tout homme de cœur les moyens d'élever sa famille ; il s'apercevra vite que dans l'association il trouvera, par les satisfactions matérielles, la moralité et l'indépendance que lui donneront la liberté, puis, l'instruction pour ses enfants, lesquels alors sauront bien secouer le joug honteux du capital, qui fait que l'homme n'a plus ni liberté, ni dignité.

La coopération corporative, telle que je la com- prends donnera moralité, dignité, instruction et liberté, en laissant à l'ouvrière et à l'ouvrier le prix intégral de leur travail.

Les membres d'une corporation s'associant pour améliorer leur position doivent tout attendre de la bonne rétribution, ainsi que de l'égale répartition du travail.

Que l'apport social ne soit considéré que comme un outil indispensable à l'exploitation du métier ; là est, selon moi, la coopération.

Vous vous prêtez mutuellement, et sans intérêts, le capital nécessaire à l'exploitation de votre industrie par vous-mêmes; donc vous ne devez pas vous payer à vous-mêmes des intérêts.

Quant aux bénéfices produits par l'exploitation sociale, au lieu de les jeter en pâture au capital, voici mon avis, Citoyens : Il faudrait les employer, à créer une caisse de retraite et une caisse de secours dans chaque corporation, afin de garantir aux travailleurs qui ont dépensé toute leur intelligence, toute leur force pour la production, le repos auquel ils ont droit à la fin de leurs jours. On prélèverait sur les bénéfices nets, un dixième pour la caisse de secours, et un dixième pour celle de retraites.

Ces deux caisses devront fonctionner après un temps limité par les coopérateurs ; pour la caisse de secours, elle devrait fonctionner à la troisième année d'exercice, et la caisse de retraite la onzième année.

Par ce fait, vous intéressez les membres des corporations qui, voyant dans la collectivité ou coopération une sécurité pour l'avenir, n'hésiteront pas à s'unir promptement à l'établissement coopératif.

Chaque coopérateur devra, pour assurer le fonctionnement de l'établissement social, apporter à la collectivité cinq cents francs, divisés en dix actions, payables une par année, pour avoir droit intégralement à tous les bénéfices qui pourraient résulter de l'association.

L'actionnaire ne participerait à ces deux caisses que selon son apport et la manière qu'il aura effectué ses paiements. Un citoyen qui prendrait une action chaque année pendant dix ans (s'il a le droit d'en prendre dix), aurait plus contribué à la réussite de l'association que celui qui, dans le même espace de temps, prendrait le même nombre d'actions, mais qui en aurait pris une la première année, une autre la quatrième année, et les huit dernières la neuvième année; ce dernier n'aurait pas les mêmes droits à la retraite que le premier, car sa participation n'aurait pas produit le même effet.

Tout coopérateur devra avoir droit à la retraite à l'âge de cinquante ans, car, à un âge plus avancé, les coopérateurs n'auraient pas la satisfaction de goûter en paix le fruit de leurs travaux.

Tout coopérateur qui, par un accident quelconque, serait mis dans l'impossibilité de travailler, aurait droit à la retraite, selon son apport, quoi qu'il n'ait pas l'âge déterminé.

En cas de décès d'un associé, qu'il ait ou non atteint l'âge de la retraite, la veuve aurait droit à la demi-pension, selon l'apport de son mari, car la famille s'est ressentie des économies qu'il a fallu faire pour produire l'action sociale; donc, puisqu'il y a communauté d'épargne, il doit y avoir communauté de bénéfices.

Puis, on prélèverait un vingtième, toujours sur les bénéfices nets, pour former une caisse de réserve, afin de parer aux éventualités. Les soixante-quinze pour cent restant des bénéfices nets, produit de l'exploitation commerciale, serviraient à l'extension de l'association.

Les associations coopératives, peuvent et doivent s'établir dans ces conditions.

Elles le peuvent, par la raison que le capital-action est émis sans intérêts; qu'il ne doit pas y avoir de répartition de dividende, et que le travail seul a droit d'être rémunéré. La coopération, établie dans ces conditions, est sûre de réussir, car du jour où l'association prendra la famille sous sa tutelle, la femme au lieu d'être un obstacle à la coopération, en sera l'âme.

Voilà, Citoyens, l'expression de ma pensée.

V. GENTY,

Ouvrier tailleur.

L'humanité commande qu'on cesse de sacrifier au progrès de l'opulence publique des masses d'hommes qui n'en profitent pas.
BLANQUI.

DE LA COOPÉRATION

Voici une question sur laquelle les économistes et les socialistes exercent leurs discussions depuis quelques années surtout ; l'idée de la coopération n'est pas absolument nouvelle, mais, par suite de la loi des 24-29 juillet 1867, son application est devenue l'objet de combats oratoires assez passionnés, depuis 1870 surtout, où l'école socialiste est devenue assez forte pour compter avec le pouvoir.

Plusieurs économistes ont cherché à appliquer le système coopératif pour fonder des sociétés de crédit ; ces sociétés n'avaient qu'un tort : qui était de permettre à celui qui possédait, d'avoir le moyen de s'émanciper davantage en plaçant son argent à un taux qui devait grossir son pécule ; avec ce système, le pauvre diable ne pouvait en profiter, n'ayant pas les moyens d'avancer une partie de la première mise nécessaire aux opérations de la banque ; car, ainsi que le dit la loi de 67 (art. 34), nul autre que les sociétaires ne doivent participer aux opérations de la société civile, car c'est de celle-là qu'il s'agit ici, la société commerciale étant une exploitation des uns par les autres, tout comme un banquier ou un épicier qui vend ou opère avec le premier venu.

D'autre part, on a cherché, cette fois, non parmi les économistes, mais dans le prolétariat lui-même, à appliquer le système coopératif pour la production de produits ayant pour but d'être vendus au passant ou à l'amateur ; il faut convenir que, cette fois, la question avait fait un grand pas dans la voie émancipatrice, car elle mettait le producteur à même de bénéficier de son labeur ; mais là, alors, il était aux prises avec le manipulateur de matières premières, qui avait le droit de lui vendre ces premiers produits indispensables, relativement fort chers. Mais me dira-t-on, qu'auriez-vous fait ?... Je tâcherai de répondre à cette question le mieux qu'il me sera possible, lorsque j'aurai énuméré les divers inconvénients qui résultent de l'application actuelle de la loi sur les sociétés coopératives civiles.

D'autres ont cherché (et là, nous voyons encore le prolétariat engager la lutte) d'autres ont cherché une meilleure solution. Dans la société de consommation, cette portion est, sans contredit, celle sur laquelle les avis sont les plus divisés, et, qu'on me permette de le dire, celle que l'on a peut être le moins su appliquer. En effet, il s'est presque toujours introduit dans les conseils de ces sociétés, des gens imbus de sentiments rétrogrades, et qui, d'une société fondée dans le but de résister à l'exploitation commerçante, en faisaient une exploitation commerciale : ce n'est pas là le vrai but que se sont proposés les fondateurs de sociétés coopératives de consommation ; le but était d'avoir des marchandises de bonne qualité, pour les répartir ou les distribuer et non les vendre aux sociétaires, en d'autres termes, pour bien expliquer la coopération, il faut supposer une famille dont quelques membres délégués sont chargés d'acheter pour les autres membres, un ou plusieurs lots de produits alimentaires, et une fois les frais nécessaires aux achats prélevés, ces produits doivent être distribués, à égal prix, au prorata de la consommation nécessaire à ces divers membres et non chercher à avoir des bénéfices qui, par le fait, ont été déjà distribués par suite du prix originaire d'achat en gros de ces produits. -

Il faudrait, pour que la coopération remplisse réellement le but que le mot indique, que ce système embrassât plusieurs institutions dans une seule, c'est-à-dire réunit à la fois le crédit, la production et la consommation ; si elle y parvenait, elle aurait fait un grand pas dans l'émancipation des prolétaires ou plutôt des producteurs qui seraient ainsi à l'abri du besoin. On me dira qu'avec les lois actuelles cette application est impossible ; je ne suis pas de cet avis, et voici comment je l'entends, sans toutefois entrer dans ces petits détails d'organisation.

Il faudrait que quelques citoyens prissent l'initiative de réunir les différents groupes des sociétés coopératives actuelles, afin d'arriver à fonder une société coopérative anonyme. Cette société pourrait s'intituler : *Société coopérative de crédit, production, consommation et achat* et aurait conséquemment le but que je me proposais, de donner à tous ses sociétaire le crédit nécessaire à se procurer les matières premières nécessaires à la production qui leur procurerait la consommation ; chaque prducteur, selon ses aptitudes, échangerait ses produits avec un autre et réciproquement ; la consommation serait facile, par la suite, à appliquer à son établissement et son fonctionnement dépendrait de la bonne marche de ses deux congénères,

Toutefois, je ne disconviens pas que cela soit d'une assez grande difficulté à implanter dans nos mœurs ; d'une part, les lois sur les réunions, les associations, les changements administratifs auront toujours une grande influence tant que les unes ne seront pas supprimées, les autres réformées, en appliquant à tous les établissements d'utilité publique les lois qui régissent le droit commun ; d'autre part, le défaut de publicité en même temps que les moyens d'en faire, et ces lois de répression qui régissent la presse ; mais toutefois, en attendant mieux (ce qui dépend de la bonne entente des prolétaires entre eux), et en se maintenant sur le terrain purement social, il y a un moyen et ce moyen c'est la fondation d'un journal ayant pour but de réprimer tous les abus et de faire triompher le droit qui jusqu'ici a été trop exclusivement réservé à quelques favorisés de la fortune. Il faut que tout homme qui vit de son travail se pénètre bien que ce ne sont pas les mandataires législateurs actuels qui aideront à sa rénovation sociale et à lui donner une part au festin qu'il aura confectionné; il faut, en un mot, qu'il ne compte que sur lui-même et surtout qu'il ne se décourage pas, ne se laisse pas décourager par ceux qui viennent parmi nous semer la défiance et la zizanie, lesquels n'ont pour but que de garder, le plus longtemps possible, le pouvoir qui leur a été donné par des citoyens ignorants de leurs droits et méconnaissant leurs devoirs.

Et lorsque je parle d'un journal ami, j'entends un journal qui, fait par des prolétaires, ne devra s'inspirer que des besoins de ceux-ci, de chercher à égaliser et revendiquer les droits incontestables qu'ils ont à la vie commune, eux qui produisent, pour engraisser ceux qui les exploitent, et qui devraient être les premiers bénéficiaires de leur travail. La bourgeoisie, pour laquelle ils travaillent sans cesse, aura assez d'organes pour défendre ses empiètements, il est temps que les exploités fassent prédominer leurs droits.

Nous ne nous étendrons pas plus longtemps pour le moment sur toutes ces questions, que nous avons à peine effleurées, et qui demandent un volume chaque pour être à peu près abordées; nous nous réservons d'expliquer nos idées sur une meilleure application du système coopératif, tel que doivent l'entendre les socialistes dans peu de temps, au fur et à mesure que se produiront les publications que nous sommes résolus de chercher à mener à bonne fin.

Mais, en terminant, je tiens à dire aux socialistes en général et aux prolétaires en particulier : courage et persévérance.

E. PHILIPPE,
Ouvrier arquebusier.

Nous ne consentirons plus à donner le nom de richesse qu'à la somme du produit national, équitablement distribué entre tous les producteurs.

Blanqui.

INSTRUCTION DE LA FEMME

—

Doit-on instruire les femmes ?

La question offre deux extrémités sans avoir de milieu.

La science et l'ignorance, voilà les deux termes irréconciliables de ce problème.

Non, si nous ne voulons rien changer à nos mœurs ni à nos institutions sociales, par cette raison qu'il est plus facile de gouverner un peuple d'idiots qu'un peuple de savants.

Une nation abrutie n'ayant pas le sentiment de la liberté, n'en a ni les inquiétudes, ni les orages.

Elle est propre à être gouvernée par le premier aveugle armé du bâton pastoral.

L'ignorance !...

C'est par elle seule que se maintient le despotisme, car il lui faut les ténèbres et le silence.

Oui, instruisons la femme ; mais en même temps donnons lui une saine éducation morale et la liberté.

Les femmes, alors, posséderont les facultés les plus brillantes et les plus fertiles en bonheur pour elles, pour leurs époux, pour leurs enfants et pour la société tout entière.

Mais, aujourd'hui, cette femme est rare comme le bonheur même.

CH. VERNEUIL.

Typographe.

Je crois fermement qu'un jour il n'y aura plus de parias au banquet de la vie.

BLANQUI.

TRAVAIL DES FEMMES

Nous ne vous répèterons pas tout ce qui a été discuté au Congrès ouvrier de Paris ; nous allons vous entretenir, non de la théorie, ce qui a été fait, mais de la pratique.

La conclusion sur le travail des femmes, au Congrès, a été :

« L'ASSOCIATION »

Il est fâcheux que les belles paroles qui ont tant ému l'assemblée, l'année dernière, ne se soient pas réalisées.

Vous demanderez probablement pourquoi ? C'est

bien simple ; nous allons l'expliquer en peu de mots : C'est parce que les ouvrières ne savent pas s'entendre ; car, si elles le voulaient, le chemin de l'amélioration leur est ouvert.

Il existe aujourd'hui une association légalement constituée, à Paris, Boulevard du Temple 2 (bis), sous le titre : *Le Réseau.*

Dans cette association il y a fort peu de membres ; cependant, nous espérons sous peu agrandir notre cercle. Pour cela il nous faut des sympathies qui, jusqu'ici, nous ont manqué.

Nous avions osé croire que, la maison ouverte, les associations nous viendraient en aide. Quelle erreur ! C'est pourquoi nous nous permettons de dire que la classe ouvrière ne sait pas reconnaître combien il serait utile de se tendre la main.

Croyez-vous, citoyens et citoyennes, qu'il ne serait pas préférable de profiter du produit de notre travail, au lieu de le donner à des patrons qui ne s'en servent que pour agrandir leur exploitation contre nous ?

Si nous voulions, assurément il nous serait facile d'arriver au but ; mais nous reconnaissons avec peine combien il y a d'obstacle ; combien il faut lutter et prendre patience.

Ne croyez pas que nous perdions courage, non, nous irons jusqu'à la fin ; car nous espérons que la sympathie viendra réparer tout, et qu'une grande quantité d'ouvrières s'adjoindront à nous.

Nous disions donc qu'il serait préférable de profiter nous-mêmes du fruit de notre labeur. Ne trouvez-vous pas comme nous ce résultat désirable ? d'autant plus que chacune aurait les mêmes droits, les mêmes intérêts.

C'est à nous de profiter de toutes les occasions qui se présenteront pour faire un pas de plus, afin que l'on puisse dire dans des temps plus reculés, que nous avons conciencieusement travaillé pour notre sexe.

Vve VIGURSKA.

Vve JAILLET.

Celui qui connaît la misère des ouvriers ne connaît rien, il faut connaître la misère des ouvrières.

PROUDHON.

A LA BASTILLE !

I

Sans hésiter, sans peur, sans larmes,
Les habitants des trois faubourgs,
Aux bruyants appels des tambours,
Quittent les outils pour les armes ;
On voit accourir dans leurs rangs,
Fiers et stoïques, des enfants,
Des veillards et des jeunes femmes ;
Les cœurs battent à l'unisson ;
Ah ! c'est bien le même frisson
Qui traverse toutes ces âmes !
Sur ces superbes dédaignés,
Aux fronts mâles et résignés,
    Le soleil brille.
Soudain, des groupes faubouriens,
Ce cri s'élève : « Citoyens,
    A la Bastille ! »

II

Ils vont, conduits par l'espérance,
Sans mousqueton et sans pourpoint,
Et n'ayant que la pique au poing,
Venger des siècles de souffrance......
Ils sont, devant les sombres tours,
Témoins hideux des anciens jours.
Ils se battent, la mort qui passe
Des assaillants fait des héros ;
Un sang généreux coule à flots,
Maintenant, ils sont face à face,
Ceux qui combattent pour le roi,
Ceux qui se battent pour le droit.
    Noble guenille,
Arrachant le viel oripeau,
Les gueux ont planté leur drapeau
    A la Bastille !

III

Après la victoire, l'ivresse
Dans Paris remplissait les cœurs
Et l'on célébrait les vainqueurs
Par de bruyants cris d'allégresse.
Dans les cabarets, des blessés
Tout sanglants, à peine pansés,
Choquaient leurs coupes à la ronde ;
Ceux mêmes qui étaient en deuil
Buvaient, en clouant le cercueil,
A la délivrance du monde,
Déchargés du poids de leurs fers
Ils oubliaient les maux soufferts,
    Et chaque fille,
Juste un an après se para,
Car on dansa le *Ca ira*
    A la Bastille.

IV

Il fut long, le cri de détresse,
Qu'en son palais jeta le roi,
Devant ce Paris calme et froid
Bravant l'horrible forteresse.
En tous lieux, chaque souverain
Trembla sous ce souffle d'airain ;
N'était-elle pas, cette brèche,
Espoir à la fois noble et beau.
Pour la tyrannie un tombeau
Et pour la justice une crèche ?
Les gueux avaient vengé l'affront
De la pensée heurtant son front
    Contre une grille.
Honneur au peuple qui vainquit,
Car la République naquit
    A la Bastille !

Oct. **LEBESGUE,**
Sellier.-

Quand on a pour soi la justice
et le bon sens, on est bien fort.
            Diderot.

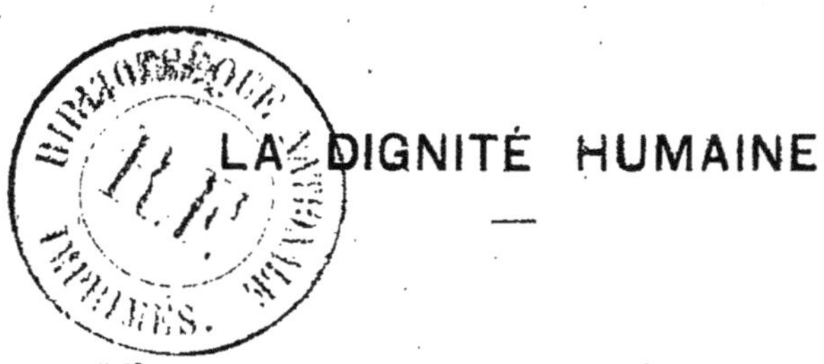

LA DIGNITÉ HUMAINE

—

L'homme est, par sa nature, l'être qui ressent les besoins les plus grands et les plus variés ; cependant il est insuffisant par lui-même à les satisfaire, mais il trouve la force dont il a besoin dans *l'association*.

Tous les hommes doivent tendre personnellement au bonheur, en faisant, du genre humain, un seul corps composé d'une infinité de membres, également nécessaires les uns aux autres, également solidaires ; car la nature fait les hommes égaux, lesquels apportent, en venant au monde, des droits égaux.

Vattel dit: « L'homme est tel qu'il ne peut se « suffire à lui-même et qu'il a nécessairement besoin « du secours et du commerce de ses semblables, soit « pour se conserver soit pour se perfectionner et vivre « comme il convient à un animal raisonnable...... On « voit que la nature a refusé aux hommes la force et « les autres armes naturelles dont elle a pourvu d'au- « tres animaux, lui donnant, au lieu de ces avantages « ceux de la parole et de la raison, ou au moins, la « faculté de les acquérir dans le commerce de leurs « semblables. La parole les met en état de communiquer « ensemble, de s'entr'aider, de perfectionner leur

3

« raison et leurs connaissances ; et devenus ainsi intel-
« ligents, ils trouvent mille moyens de se conserver et
« de pourvoir à leurs besoins. Chacun d'eux sent en-
« core qu'il ne saurait vivre heureux et travailler à sa
« perfection sans le secours et le commerce des autres.
« Puisque donc, la nature a fait les hommes tels, c'est
« un indice manifeste qu'elle les destine à converser
« ensemble, à s'aider et à se secourir mutuellement. »

Il est incontestable que l'homme ne saurait exister,
d'une manière normale, à l'état individuel, il doit s'unir
à d'autres hommes pour suppléer, par une concentration
de forces, à son insuffisance personnelle, mais il ne
peut y avoir unité d'action, association entre les hommes, qu'autant que tous et chacun soient soumis à la
même loi ; c'est-à-dire, que tous soient égaux devant la
loi commune.

Comment admettre qu'un homme puisse prendre
sur autrui plus de droit qu'il ne consent à en accorder
sur lui-même ? Cela ne peut être, car il y aurait division,
rupture d'équilibre social, il n'y aurait plus d'égalité
possible.

La nature ne faisant que des hommes, nous donnant
tout ce qui doit constituer l'homme, nous devons compléter l'œuvre de la nature.

Par des lois imparfaites, on pervertit l'espèce humaine et ceux qui ont tout intérêt à leur mise en usage
sacrifient ainsi le grand nombre des travailleurs au petit
nombre d'oisifs.

Quelques-uns, parmi ceux qui dirigent, simulent
un libéralisme indépendant, mais ils ne peuvent cependant se détacher de leurs intérêts de classe dirigeante.

L'homme ne doit pas s'abaisser devant les misérables sophismes établis sur la question d'argent ; il ne doit point croire non plus, comme on essaie de lui insinuer, que les puissants du jour sont d'une autre race que la sienne ; on doit bien se garder d'implorer leur secours, car aussitôt on serait enchaîné.

Voyez plutôt la vérité décrite par l'illustre poëte V. Hugo, dans l'*Homme qui rit*, sur les égards qu'à le riche pour l'homme de talent ; parallèle qui peut s'appliquer à beaucoup d'autres cas.

« Ne vous laissez jamais rendre service. On en
« abusera. Ne vous laissez pas prendre en flagrant délit
« d'inanition. On vous soulagerait........ Une défail-
« lance d'estomac, et vous voilà à la chaîne pour la vie !
« Etre obligé, c'est être exploité. Les heureux, les
« puissants, profitent du moment où vous tendez la main
« pour mettre un sou dedans et de la minute où vous
« êtes lâché pour vous faire esclave, et esclave de la pire
« espèce, esclave d'une charité, esclave forcé d'aimer !
« Quelle infamie ! Quelle indélicatesse ! Quelle surprise
« à notre fierté ! Et c'est fini, vous voilà condamné, à
« perpétuité, à trouver bon cet homme, à trouver belle
« cette femme, à rester au second plan du subalterne, à
« approuver, à applaudir, à admirer, à encenser, à vous
« prosterner, à mettre à vos rotules les calus de l'age-
« nouillement, à sucrer vos paroles quand vous êtes
« rouge de colère, quand vous mâchez des cris de fureur,
« et quand vous avez en vous plus de soulèvement sauvage
« et plus d'écume amère que l'Océan !

« C'est ainsi que les riches font prisonnier le
« pauvre.

« Cette glu de la bonne action commise sur vous,
« vous barbouille et vous embourbe pour toujours.

« Une aumône est irrémédiable. Reconnaissance,
« c'est paralysie. Le bienfait a une adhérence visqueuse
« et répugnante qui vous ôte vos libres mouvements. Les
« odieux êtres opulents et gavés dont la pitié a sévi sur
« vous le savent. C'est dit. Vous êtes leur chose. Ils vous
« ont acheté. Combien ? un os, qu'ils ont retiré à leur
« chien pour vous l'offrir. Ils vous ont lancé cet os à
« la tête. Vous avez été lapidé autant que secouru
« C'est égal. Avez-vous rongé l'os, oui ou non ? Vous
« avez eu aussi votre part de la niche. Donc remerciez.
« Remerciez à jamais. Adorez vos maîtres. Génuflexion
« indéfinie. Le bienfait implique un sous-entendu d'infé-
« riorité accepté par vous. Ils exigent que vous vous sen-
« tiez pauvre diable et que vous les sentiez dieux. Votre
« diminution les augmente. Votre courbure les redresse. »

Or, puisque l'homme ne peut suppléer que par
une concentration de forces, ou autrement dit, que par
l'association à son insuffisance personnelle, il est évident
que le droit implique le devoir, et que pour prétendre
à l'aide, à l'assistance des autres, on doit aux autres
une somme équivalente de ses forces et moyens.

Il s'ensuit que par l'échange des droits et devoirs,
naît l'égalité, qui est : *même loi pour tous*, ou *égalité
de tous devant la loi commune*, laquelle assure à chacun
une identité absolue de droits et de devoirs (1), de telle
sorte, que les prétentions de tout citoyen soient en lui
et non hors de lui.

Enfin, les hommes étant égaux, ils sont également
libres, car nul ne peut, sans violer les principes de l'éga-

---

(1) « Depuis l'homme le plus élevé en dignité, jusqu'au plus humble
« et au plus obscur, règle égale pour tous. » — CONFUCIUS.

lité, s'arroger plus de droits pour porter atteinte à la liberté individuelle d'autrui, qu'il ne consent à en donner sur lui-même.

Liberté, Egalité, sont deux mots sacrés, pour les principes desquels n'ayant pour arme que l'idée, les penseurs ont combattu de tout temps, et, par la force de la raison, ont vaincu et subjugué les rois et puissants seigneurs qui, confiants dans leur force brutale, se disaient issus d'une race de demi-dieux et prétendaient exploiter le genre humain à leur profit.

Mais la vérité devant tôt ou tard triompher du mensonge, un jour viendra où étant plus éclairé, débarrasé des préjugés entravant sa marche vers le bonheur, qui n'est que la perfection de son état social, l'homme établira l'harmonie entre ses actes et ceux des autres, par le seul moyen équitable : la justice.

Jules PETIT,

Modeleur à Lens.

Pour affranchir le peuple de la misère, il faut l'affranchir du vice et de l'ignorance et, en même temps, pour l'affranchir du vice et de l'ignorance, il faut l'affranchir de la misère.

Turgot.

Le budget de la Restauration a eu un milliard d'indemnité en faveur des émigrés, ennemis du peuple. Le budget de la troisième république doit avoir son milliard, milliard des peuples pour organiser le travail.

E. C.

FRAGMENTS

Inédits des mémoires d'UN ENFANT DU PEUPLE

—

.... Le mysticisme, ou croyance au surnaturel, est une maladie endémique qui énerve l'intellect des nations, qui étouffe en elles les instincts généreux et les paralyse dans leurs élans vers le bon, vers le beau véritable, par la science et par la liberté.

Le temps est venu où les peuples touchent à leur majorité. Sous quelque forme que ce soit, on ne parviendra pas à faire revivre, chez eux, les croyances surannées des âges écoulés.

Depuis longtemps, en France, la partie éclairée du prolétariat a relégué les fables, plus ou moins bibliques, et les croyances au surnaturel, où les adultes relèguent ordinairement les contes de fées et les histoires de bonnes vieilles qui ont bercé leurs jeunes années.

Que ces souvenirs du passé monarchique soient encore chers à quelques-uns ; que les favorisés de la fortune aiment à s'attarder dans les sentiers fleuris qui ont conduit leurs premiers pas vers une existence replète de jouissances et de bien-être matériel, de fatigue du plaisir et de dégoût par la satiété, cela n'a rien que de très-naturel.

Mais pour le prolétaire, entrant dans la vie réelle,

au milieu des ronces, qui le blessent et arrêtent impitoyablement ses premiers pas, il n'a qu'une conduite à tenir : rejeter tout ce fatras plus ou moins métaphysique, faire le bien pour le plaisir de faire le bien, éviter le mal parce que le mal, souvent, pour ne pas dire toujours, se retourne contre celui qui l'a commis, et que celui-là seul est vraiment heureux, qui peut regarder en arrière et se dire sans remords : Si tout ce que j'ai fait était à refaire, je n'aurais pas un acte condamnable à éviter.

Il n'a, ce prolétaire, qu'une résolution à prendre : Rechercher les moyens les plus pratiques, les plus sages, les plus prompts pour arracher les ronces et applanir le grand chemin de la vie rationnelle, du bien-être, par le travail, et préparer, en un mot, l'avènement de la justice universelle par la liberté.

. . . .

.... Prolétaires, mes frères, recherchons donc ensemble ces moyens sans nous inquiéter des *mauvais vouloirs* et des *provocations*, évitant surtout les *piéges* et les *embûches* de nos adversaires. Laissons la responsabilité de leurs menées criminelles à ceux qui paraissent avoir pris à tâche d'affaiblir la démocratie en nous désunissant, en cherchant à aveugler les simples, en suscitant parmi nous des querelles byzantines sur des mots anciens et sur des néologismes plus ou moins importés de Russie ou d'Allemagne.

Je vous le répète, avec la conviction du vrai, et je vous adjure de ne pas vous exposer à « lâcher la proie pour l'ombre. » Ce serait, pour vous, plus tard, un vain objet de désespoir, mais vous n'en auriez pas moins fait les affaires de vos ennemis, hélas ! comme cela vous est déjà si souvent arrivé. Ne tirez donc plus les marrons du feu pour les ambitieux qui ne voient en vous qu'un simple marchepied.

Que tous ceux qui veulent l'unité de la démocratie socialiste, tout en conservant leurs vues diverses et leurs doctrines que nous étudierons ensemble, n'hésitent donc plus ; que ceux qui croient que *toutes nos forces* ne sont pas de trop pour lutter contre le vieux monde monarchique et concordataire se joignent à nous.

Nous n'excluons aucun des éléments de la vraie démocratie ; nous ne rejetons que les ennemis de nos droits, de notre dignité et de nos libertés, les oppresseurs de nos consciences, que les corrupteurs de la vraie morale et, surtout et avant tout, les partisans de ce pacte *monstrueux* conclu entre la papauté et le premier empire ; pacte d'asservissement de la conscience et de la déchéance de notre chère patrie, que, par euphémisme, on qualifie de concordat, et qui devrait s'appeler pacte de discorde et d'abaissement national.

Avec la liberté de conscience, la France, de 1789 à 1804, avait vaincu la ligue monarchique à l'intérieur, pacifié la Vendée, broyé la coalition des rois, des prêtres et des empereurs ; brisé la tyrannie et repoussé les despotes jusque dans leurs derniers retranchements. La France était respectée, parce qu'affranchie du joug des prêtres et de leurs complices, elle était devenue respectable.

Depuis le concordat, époque néfaste, la France abatardie n'a fait que déchoir, et, de chute en chute, tomber dans le mépris, à ce point que c'est à peine si, en Europe, on compte encore avec elle.

Pauvre France ! ce pacte t'a clouée au pilori, car il t'a conduit à détruire la république Romaine, ta sœur, à te faire la gardienne du syllabus, à faire se jeter l'Italie dans les bras de la Prusse, à te faire écraser par cette puissance, et, en fin de compte, de cahos en catastrophes, à te faire aboutir au 16 mai 1877 ! !

Aujourd'hui encore, tes enfants sont livrés aux ennemis de la famille, qui nous forcent à payer les prières que nous ne consommons pas ; et qui sait si bientôt nous n'aurons pas perdu le droit de mourir en toute liberté de conscience, et si leurs patenôtres ne seront pas imposées à nos cadavres ?

C'est pour toutes ces raisons que, tout en subissant cette dure loi, ma conscience proteste et me crie : Maudit soit le concordat ; maudits soient ses auteurs ; que ses partisans et ceux qui en bénéficient soient voués à la réprobation des honnêtes gens.

E. RATTIER,

Ancien Représentant du Peuple,
Ex-Officier au 48me de ligne.

Le genre humain doit se réunir en un vaste corps organisé ayant connaissance de lui-même, les intérêts particuliers feront place à l'amour universel et le but de l'existence sera de former une vie sociale, juste, vertueuse et grandiose à la fois.

FICHTE.

Depuis trente ans, la guerre nous a coûté des millions d'hommes et des milliards de francs. Législateurs, votez des milliards pour donner, à tous, l'instruction, la moralité et le bien-être ; détruisez la guerre.

E. C.

CHACUN POUR SOI & DIEU POUR TOUS

—

« Chacun pour soi et Dieu pour tous! » Est la maxime des égoïstes ; c'est aussi celle de certains économistes. Assurément cette maxime est le corollaire du « laissez faire, laissez passer! » et du fameux « enrichissez-vous! » mais elle a un avantage sur ces deux dernières formules : c'est que celles-ci, bien qu'elles soient des cris du cœur, ne disent pas clairement ce qu'elles veulent dire ; elles cachent autant qu'elles montrent la pensée qu'elles renferment : c'est un mélange de franchise et de dissimulation ; tandis que celle-là, ne prête à aucun malentendu, à aucune équivoque : « Chacun pour soi et Dieu pour tous ! » Quoi de plus clair, de plus complet, de plus explicite ; impossible de s'y méprendre ; ici la pensée se montre nue comme un ver. —

Je connais un homme à qui un ouvrier disait un jour : « Monsieur, il faut que celui qui travaille puisse, avec son salaire, vivre et non végéter. »

« — Théorie mon pauvre ami, théorie que cela répliqua le monsieur. »

Je m'empresse de le déclarer cependant, je ne crois pas à l'égoïsme absolu chez l'homme ; selon moi, il y a toujours dans le cœur humain de la bonté, de la générosité, voire même de la fraternité et de l'amour. Mais ces sentiments, source des plus pures jouissances terrestres, ne se manifestent à de si rares intervalles, chez la plupart de nos semblables, que parce que nous sommes beaucoup moins guidés par le cœur que par l'esprit.

Ce n'est pas seulement chez les parvenus, les satisfaits, les enrichis que l'on constate l'absence du sentiment de solidarité; l'ignorance est si grande, l'aveuglement si général, que les victimes mêmes de la loi de l'offre et de la demande, — loi qui régit les transactions chez les peuples composés d'exploiteurs et d'exploités, — que les travailleurs même, dis-je, ne sont pas unis entre eux par ce lien puissant : la *SOLIDARITÉ*. Eux aussi subissent les funestes influences du milieu vicié dans lequel ils vivent; sciemment ou inconsciemment, ils voient ou sentent que, dans notre société humaine comme dans le règne animal, les gros mangent les petits. Et alors, au lieu de s'unir, ils restent divisés ; ils se jalousent, se combattent, se nuisent mutuellement : ils se dévorent entre eux quand ils en trouvent l'occasion.

Le capital commande au travail ; il absorbe la plus grosse part des bénéfices ; il grossit, s'accumule, se centralise dans quelques mains, mais jamais dans les mains du salarié, dans les mains de celui dont précisément le travail et les sueurs sont la source féconde de toute richesse. — L'industriel intelligent, ou plutôt l'industriel qui ne se fait aucun scrupule d'observer la loi de l'offre et de la demande, la loi de l'exploitation légale, vit grassement dans le présent, et son avenir est assuré : après quinze ou vingt années au maximum, il a gagné un plus ou moins grand nombre de centaines de mille francs; or, les ouvriers de ce même industriel ne vivent, eux, dans le présent, que d'un maigre salaire, et leur perspective d'avenir est celle-ci : après trente ou quarante années d'un travail pénible, c'est-à-dire après avoir, par leur labeur, enrichi deux ou trois individus, ils vont s'enterrer vivants, séparés de leurs femmes et de leurs enfants, dans une retraite qui est moins un asile qu'une prison, et que l'on nomme : hospice des pauvres.

Alors les socialistes s'écrient : Pour empêcher cette exploitation du travail par le capital, il faut que l'antagonisme qui existe entre ces deux éléments de la production disparaisse ; or, comme cet antagonisme, ne disparaîtra que le jour ou le capital et le travail seront associés, — non d'une manière fictive, comme aujourd'hui, mais d'une manière réelle, effective, — formons des sociétés coopératives de production ; et dans les lieux où la création des ces sociétés est actuellement impossible, formons des chambres syndicales : là nous étudierons les questions de travail, nous nous instruirons et nous rechercherons les moyens d'arriver pacifiquement à notre émancipation économique ; en un mot, associons-nous, nous serons plus forts, et conséquemment moins exploités.

Et la plupart des intéressés eux-mêmes répondent : « Chacun pour soi. »

Le capital attire la marchandise ; il appelle les produits tant de l'agriculture que de l'industrie ; il les emmagasine ; il les accapare ; il les transporte là où il espère les vendre au plus haut prix ; il les conserve parfois pendant un long temps, non dans un but de prévoyance humanitaire, mais pour les échanger, au moment favorable, contre une plus grosse somme d'argent. Telles sont les opérations du commerçant ; il lui arrive aussi quelquefois, *après de sérieuses études de chimie,* de pouvoir livrer à ses clients de la peinture pour du vin et du lait mélangé d'une dissolution d'amidon, de matières gommeuses pour du lait pur ; enfin, l'absence de tout contrôle sérieux dans ces trafics lui permet souvent de vendre le faux pour le vrai. Après une vingtaine d'années, il se retire des affaires et jouit d'une « honnête aisance. »

Et quand les socialistes disent : « Soyons nous-mêmes, nos commerçants, nos fournisseurs, nous réaliserons des économies importantes et nous aurons des chances de n'être pas empoisonnés ; à cet effet, formons des sociétés coopératives de consommation !..... Il y a des ouvriers qui répondent : « Chacun pour soi. »

Le propriétaire d'immeuble, le cultivateur, l'armateur, en un mot tous ceux qui possèdent s'assurent contre les risques d'incendie, d'orage, de naufrage, etc. ; c'est moins la solidarité que l'intérêt bien entendu qui les guide ; soit ! mais ils s'assurent contre des éventualités redoutables, et ils ont raison. — Bien que l'ouvrier ne possède rien, il en n'est pas moins exposé à de terribles éventualités : la maladie, le chômage, la vieillesse le menacent de jours affreux. — Or, quand les socialistes, vont répétant : Associons-nous pour atténuer, dans la mesure du possible, la misère des mauvais jours qui nous attendent !..... Ils entendent raisonner à leurs oreilles ces mots : « Chacun pour soi. »

Nous sommes en République ; et cependant nous n'avons ni la liberté de la presse, ni la liberté de réunion, ni la liberté d'association, ni l'instruction gratuite et obligatoire, ni l'enseignement professionnel. Depuis 1789, nos législateurs promettent de répartir les impôts en proportion de la fortune des citoyens ; ce qui ne les empêche pas d'établir chaque jour des taxes nouvelles sur tout ce qu'il y a de plus indispensable à la subsistance de l'homme ; exemple : les droits sur les boissons, la viande, le sel, le sucre, etc. ; avec leur système fiscal, ils imposent les citoyens en proportion de leurs besoins, et font payer à une famille d'ouvriers composée de quatre personnes, l'homme, la femme, et deux enfants, plus de 200 francs d'impôt par an, comme l'a prouvé, chiffres en main, M. Th. Benard dans son ouvrage de *l'influence des lois sur la répartition des richesses*. « Que voulez-vous, dit cet économiste, les lois sont faites par de grands seigneurs ; les cours d'économie politique officielle sont faits par des professeurs plus ou moins rétribués, qui n'ont pas à s'embarrasser de savoir si le sucre, le sel, le café, les boissons valent dix, quinze ou vingt centimes de plus par litre ou par kilogramme. Oui, certes, l'impôt indirect est intolérable : il atteint le pauvre dans sa santé et dans celle de sa famille. » Et j'ajoute qu'en faisant un examen sérieux de toutes nos lois, on en trouve neuf sur dix à qui l'on peut adresser des reproches analogues. — Pourquoi cela ? — Parce que les pauvres n'ont jamais participé directement à la confection des lois.

C'est alors que les ouvriers socialistes disent : « Puisque notre société est un composé d'intérêts distincts et antagonistes, tous ces intérêts doivent être représentés ; ceux qui ne le sont pas seront infailliblement méconnus et sacrifiés. Or, comme on ne fait jamais si bien ses affaires que soi-même, nommons, pour nous représenter, des hommes pris parmi les travailleurs. »

Pourtant, les sentiments généreux et fraternels ne sont pas éteints dans les cœurs : je n'en veux pour preuve que ces souscriptions qui réussissent toujours quand il s'agit de venir en aide à un camarade malheureux ; mais l'ignorance est si grande, qu'on n'a pas conscience ni de ce qu'est la société, ni de ce qu'elle devrait être, ni de ce qu'elle serait bientôt si nous étions éclairés et unis.

Camarades, fondateurs des *Cahiers du Prolétariat français*, je vous remercie, tant en mon nom personnel qu'au nom de mes amis de Beauvais, d'avoir créé cette publication ouvrière. Vous entreprenez une tâche ardue, car, comme Jésus de Nazareth, vous avez à rendre la vue aux aveugles, l'ouïe aux sourds, et vous devez faire battre un cœur là où souvent on serait en droit de supposer qu'il n'y a qu'un bloc de grès.

Puissiez-vous réussir dans votre patriotique entreprise ! Puissent les ouvriers parisiens, laissant de côté toutes les questions secondaires ou de personnes, se rallier franchement et spontanément à vous ! Puissent tous les ouvriers de France vous apporter un concours actif et dévoué ! Soutenus, vous pourrez multiplier nos *Cahiers* et augmenter leur importance. Tels sont mes vœux les plus sincères.

Dans tous les cas, courage, amis, courage..... courage et persévérance !

LEBESGUE.

Typographe.

Nous naissons injustes ; car chacun tend à soi ; cela est contre tout ordre. Il faut tendre au général, car la pente vers soi est le commencement de tout désordre.

PASCAL.

PLUS DE PRÉJUGÉS

—

La France est, en grande majorité, composée de républicains ; tous veulent l'application des principes de notre grande révolution ; tous ont compris que sans la liberté, un peuple tombe dans la décadence et dans l'abrutissement le plus profond. Et cependant, chose bizarre, lorsqu'on parle de socialisme, une grande partie jette les hauts cris et fait chorus avec nos plus terribles adversaires, les jésuites ; ils ne se doutent pas qu'ils font le jeu de la réaction, en s'opposant à un principe qui est l'essence du bien et qui se confond dans l'ordre organique d'une république vraiment républicaine. La preuve la plus évidente que le socialisme bien appliqué est la plus vraie des justices, est, en un mot, le couronnement de l'édifice républicain, c'est que les jésuites de toutes nuances (car il y en a de plusieurs), ne manquent jamais de s'emparer de ce mot pour essayer de jeter la frayeur parmi les ignorants, et la discorde parmi ceux qui devraient sentir, plus que jamais, le besoin de s'unir pour affirmer et pratiquer les principes de solidarité. Il y a une vérité incontestable, c'est que du moment où nos adversaires combattent un principe, c'est qu'il est bon et pratique.

Examinons donc un peu ce que veulent de si terrible les socialistes. Ils veulent que la femme ne soit plus un instrument docile aux caprices d'une certaine classe qui ne trouve rien de mieux que de la réduire à la misère pour la corrompre.

Ils veulent que l'enfant reçoive une instruction telle, qu'il puisse devenir, non-seulement un bon travailleur, mais encore un citoyen éclairé et capable de gérer ses propres affaires.

Ils veulent qu'il n'y ait plus de classes en supprimant les priviléges de toutes sortes qui ont toujours créé des antagonismes, conséquences terribles qui engendrent les guerres civiles.

Ils veulent que les monopoles, de plus en plus multipliés, disparaissent, car ils sont une entrave au développement de l'industrie et de l'émancipation économique des travailleurs.

Ils veulent que toutes les lois arbitraires qui fourmillent dans nos codes, soient supprimées et remplacées par des lois plus équitables.

Ils veulent sortir de la situation précaire dans laquelle les différents gouvernements despotiques les ont maintenus ; ils veulent une répartition équitable du travail ; ils veulent la justice distributive qui leur donnera l'aisance et la liberté.

Ceci n'est qu'un aperçu de la transformation sociale qui doit s'opérer ; mais j'en appelle à tous les hommes de progrès, à tous ceux qui veulent que la république ne soit pas un vain mot. Sont-ce là des doctrines dangereuses et impraticables ?

Il est grand temps de dissiper les erreurs, de rétablir la vérité et surtout de tuer les préjugés, en montrant clairement aux travailleurs que rien n'adoucira leur sort tant qu'ils se laisseront prendre aux piéges de ces politiques bavards, qui ne puisent leur science que dans la manière d'exploiter le peuple au nom de la liberté, qu'ils faussent qu'ils trahissent tous les jours sous le pseudonyme de républicains.

La fondation d'organes ouvriers permettra de traiter, avec plus d'étendue, toutes les questions qui se rattachent au socialisme. Si j'insiste sur cette nécessité, c'est parce que je reconnais que c'est le moyen le plus sûr de faire sortir l'ouvrier de la torpeur qui semble le paralyser ; c'est aussi la solution la plus logique pour discuter et définir un programme praticable qui contribuera, pour une large part, à l'accomplissement de sa rénovation sociale.

CÉLESTIN BIESSE,
Cordonnier à Blois

La vérité n'a jamais besoin de l'erreur et les ombres n'ajoutent rien à la lumière.

LAMARTIME.

RELIGION

Il faut une religion pour le peuple, disent les aristocraties qui veulent nous dominer.

Et par imitation, beaucoup de prolétaires répètent : il faut une religion, pour les femmes et pour les enfants.

Hommes inconséquents, vous reconnaissez que le prêtre nous domine et nous empêche de progresser en paix, et vous approuvez l'usage du confessionnal pour la femme et l'enseignement clérical pour l'enfant.

Mais en agissant ainsi vous entretenez le mal, vous donnez des verges dont on se sert contre vous.

Au lieu de traiter la femme comme un être inférieur, aidez-là à s'affranchir de la domination cléricale, procurez-lui des délassements, des récréations, et vous aurez à votre foyer une compagne avec laquelle vous pourrez raisonner, avec laquelle vous pourrez préparer un avenir meilleur.

V. RICOIS.
Employé de Commerce.

Il faut appeler méchant celui qui n'est bon que pour lui. Publius Strus.

LA FEMME ET LE PROGRÈS

Les questions qui nous occupent, triompheront de l'injustice et nous conduiront à la vérité absolue.

Les législateurs républicains détruiront, pour la femme, la position d'infériorité qui lui est faite par le code.

Pour réformer l'état de choses actuel, ne nous égarons pas dans les théories ; ne recherchons pas dans le passé.

Ouvrons le grand livre de la nature ; puisons à la source des sentiments. — L'esprit seul ne suffit pas pour être bien doué : il faut avoir au cœur la fibre bien placée ; il faut, lorsque l'œil s'arrête sur le faible opprimé, sentir le cœur battre dans sa poitrine.

Un homme généreux ne doit pas se prévaloir des droits que la loi lui accorde sur la femme ; l'amour forme entre eux des liens, et nous n'en admettons pas d'autres.

La force de l'homme et la faiblesse de la femme

font l'harmonie ; si au point de vue physique la femme est inférieure à l'homme, elle peut lui être supérieure au moral.

Quelques hommes de bon sens se joignent aujourd'hui à la femme pour l'aider à revendiquer ses droits. — Ce qu'elle demande après tout est très juste : elle veut avoir dans la société la place que sa nature et ses aptitudes lui désignent.

Malgré les obstacles jetés sur leur chemin, n'avons nous pas eu des femmes célèbres. Les citerai-je ? — et celles qui ont su mourir : Madame Rolland et tant d'autres !..... — Qu'elles nous servent d'exemples et d'encouragement : Luttons.

Nous savons que certains hommes du pouvoir nient l'intelligence de la femme ; luttons contre eux par la persuasion; prouvons-leur qu'ils ont des yeux et qu'ils ne voient pas, qu'ils ont des oreilles et qu'ils n'entendent pas.

L'homme seul à la recherche de la vérité n'arrivera jamais.

Ce que j'appelle vérité absolue : c'est l'humanité assainie ; c'est le ruisseau bourbeux devenu limpide ; c'est la clarté du soleil dans le carrefour obscur ; c'est l'homme connaissant et pratiquant ses droits et ses devoirs ; c'est le grand citoyen formé pour l'unité universelle : le génie des peuples détruira les trônes et nous donnera inévitablement la République universelle.

Nous sommes encore loin de ce temps ; mais voyons ce qui se passe dans tous les pays. — La femme dit à l'homme tu ne peux marcher seul ; nous servirons le progrès ensemble. Le moment est venu, la religion de l'avenir, c'est la fraternité des peuples ; la femme revendique son droit de citoyenne et d'apôtre.

Emile SAINT-HILAIRE.

UNE PAGE D'HISTOIRE

Lorsque le 17 juillet 1789, le Tiers-Etat se réunit portant dans son sein, et à son insu, les éléments de la révolution, le prolétariat n'existait pas au même titre qu'aujourd'hui. D'une part, le travailleur agricole, encore à l'état de serf dans sa communauté, et toujours dépouillé, ruiné, sans possession, sans organisation, sans solidarité. D'autre part, le travailleur industriel, parqué, muré dans son industrie, isolé dans sa corporation, détenu dans sa maîtrise ; tous sans éducation ni instruction, sans philosophie, végétant et souffrant presque inconsciemment, peuple quasi troupeau, sans aspirations définies, sans idées sociales déterminées ; mais animé du besoin de secouer le joug de la tyrannie, possédé d'un amour profond pour la liberté ; plein d'illusions, d'enthousiasme, d'idéal et de confiance dans l'avenir.

Tel était, au début de la révolution, ce que Marat appelait le Peuple, Brissot ; la foule, la noblesse, la canaille. Le prolétariat enfin, force immense et passive que l'on employait comme un bélier formidable pour démolir la Bastille, battre en brèche la monarchie, et que l'on laissait ensuite retomber dans la profondeur de sa solitude et de sa nullité.

La Constituante, ayant à faire la liberté toute entière, abolit les corporations. Ces institutions exclusives, fermées, tyranniques et empreintes de l'absolutisme monarchique, ne pouvaient certes pas subsister avec le nouvel ordre de choses. Mais la Constituante ne mit rien à la place de ce qu'elle supprimait : elle se contenta de décréter la liberté du travail, et livra ainsi le salarié à l'égoïsme de la Bourgeoisie. Quand nous disons : elle ne mit rien à la place, nous nous trompons ; elle y mit la loi de 1791, qui interdit cyniquement aux travailleurs toutes espèces de groupements, toutes tentatives de solidarité, tous moyens d'échapper ou de se prémunir contre l'exploitation terrible de ses nouveaux maîtres.

Telle était la générosité de la bourgeoisie. Après avoir substitué son pouvoir au pouvoir de la monarchie héréditaire, après s'être mise à la place des deux autres tiers : Le Clergé et la Noblesse ; elle ne songeait plus qu'à entourer ce pouvoir de garanties spoliatrices, qu'à s'emparer de tous les droits, où plutôt, qu'à confisquer les droits de tous, à son profit. S'approprier les priviléges et les biens des deux ordres vaincus, au détriment des autres classes de la société, là était toute sa préoccupation.

Certes, la force des choses et la grandeur du mouvement l'amenèrent à proclamer des libertés et des droits généraux, à les inscrire dans sa Constitution, car les principes ne se morcellent pas et quand on les admet il faut les admettre en entier. Mais aussitôt ces actes accomplis, elle s'empressa d'en rendre l'effet nul, par des mesures égoïstes et tyranniques. Elle commença par séparer la nation en deux camps, en deux classes de citoyens : Les citoyens actifs et les citoyens passifs ;

c'est-à-dire la classe dirigeante et la classe dirigée. Il ne lui suffisait pas d'avoir décrété le salariat, elle voulait encore refuser aux salariés tout espoir d'émancipation, toute illusion sur sa participation consciente dans les destinées morales et matérielles de la Patrie. Et la proclamation de la loi martiale, le massacre du Champ-de-Mars, 17 juillet 91, prouvent assez que déjà elle était résolue à tout plutôt que de renoncer à cette façon de comprendre la Révolution.

Ainsi s'établissait la ligne de démarcation entre les nouveaux Patriciens et les Parias, la Bourgeoisie et le Prolétariat. Ainsi se refermait la barrière sur les admis au festin de la liberté, isolant tout ce qui était Peuple, Prolétaire ; comprenant tout ce qui était bourgeoisie, grande ou petite, la grande devant fatalement dévorer la petite.

La bourgeoisie n'entendait pas avoir fait la Révolution au profit de la généralité des citoyens, mais à son bénéfice personnel. Elle s'empara du pouvoir, en chassa l'âne et en garda la peau.

Matériellement, la part du peuple fut nulle ; moralement, elle fut hypothétique et toute relative, la liberté dans certaines conditions ne devant profiter qu'aux forts contre les faibles.

Que l'on ne vienne donc plus nous parler de l'héritage laissé par nos père en 89, nous savons trop ce que les classes dirigeantes ont fait de ce patrimoine et ce qu'elles eussent fait encore des grands principes dont elles se réclament hypocritement, si 93, l'année géante, n'était venue atténuer leur égoïsme.

Tel fut, d'ailleurs, le système de la bourgeoisie depuis 89 ; depuis la substitution de la noblesse de l'Écu à la noblesse de Cour, noblesses équivalentes, la bourgeoisie n'eut qu'une politique, politique tortueuse et hypocrite toujours, parfois lâche et cruelle, dont l'homme de Transnonain était devenu la personnification. Politique dont le but est de garder le pouvoir, coûte que coûte ; de permettre à cette classe d'organiser et de transformer, selon les appétits du capital, son système économique, industriel et commercial. Mais ce que l'on n'a pu arracher ni détruire, c'est l'idée révolutionnaire, c'est le but entrevu au rayonnement de la traînée lumineuse et vers lequel marche, quoique l'on fasse, l'humanité.

II

Après thermidor, la bourgeoisie ayant définitivement vaincu la véritable révolution, les géants étant tombés sous l'avalanche des Pygmées, les marais ayant submergé la montagne, une main, que la folie rendit scélérate, ayant poignardé cette conscience incorruptible, cette personnification de la souffrance du peuple, Marat, la bourgeoisie, lasse de la lutte, ivre du triomphe, après avoir assouvi sa vengeance, ne pensa plus qu'à se repaître. Elle se plongea dans une vie de plaisirs effrenés, de jouissances matérielles et sensuelles qui aboutit au Directoire, lequel ne dirigea guère que la débauche.

A cette période de la révolution, les historiens bourgeois, traitant l'histoire au point de vue de la bourgeoisie, glissent rapidement sur cette époque de transition. Ils tirent le rideau sur cette scène de licence et d'orgie, et, laissant le lecteur sur l'impression pénible que lui cause le règne de la terreur, se gardent de parler aussi amplement des massacres de thermidor, qui, proportions gardées, furent à peu près à la terreur ce que les journées de mai 71 furent aux exécutions des ôtages.

« Il y eut, dit A. Esquiros, une seconde terreur,
« mille fois plus implacable, mille fois plus sanguinaire
« que l'autre. Des calculs exacts portent à huit ou dix
« mille le nombre des ennemis de l'égalité qui tombèrent
« sur l'échafaud avant le 9 thermidor. Selon des rap-
« ports faits par les contre-révolutionnaires eux-mêmes,
« trente-cinq mille Robespierristes furent égorgés, après
« le 9 thermidor, dans quatre départements ; on voit
« déjà de quel côté était la violence. »

La bourgeoisie fut tirée brutalement de cet état d'ivresse et de somnolence par le Corse, qui, l'attachant à son char de César, l'entraîna, elle et le peuple, dans le gouffre des guerres insensées.

Mais cette période pendant laquelle la France nouvelle fut saignée au flanc et déchirée par les serres de l'oiseau de proie, cher aux empereurs, cette période ne fut qu'un interrègne dans le pouvoir de la bourgeoisie, interrègne dont Louis XVIII et Charles X sont les conséquences.

Aussi, en 1830, une génération nouvelle ayant succédé à la bourgeoisie pourrie du Directoire, cette jeune bourgeoisie s'empressa de reprendre la tradition et de continuer l'œuvre commencée, en mettant son idéal politique et social dans une monarchie constitutionnelle, juste assez libérale pour être bourgeoise et assez tyrannique pour n'être pas populaire. Mais comme si usé, si vermoulu que soit un pouvoir monarchique, il faut une force matérielle pour l'abattre, il fallut bien avoir recours au peuple. Qu'à cela ne tienne, il est si facile de lui faire comprendre à ce bon peuple, que son bonheur et sa liberté consistent à ôter le pouvoir à Escobard pour le donner à Tartufe, quitte à lui donner après la victoire, en guise d'os à ronger, un tuyau de poêle surmonté d'un sujet de pendule.

Mais enfin, l'heure de la paix est sonnée, l'heure de la possession vraie du pouvoir par la bourgeoisie est arrivée. Jusque là, le tremblement de terre de la révolution a perpétué ses tressaillements, ses oscillations. Le cadavre de cette vieille société monarchique, abattue au 10 août, frappée à mort le 21 janvier, traîne les convulsions et les soubresauts de son agonie jusque-là ; mais c'est bien fini ! 1830 complète 1792. Le cadavre ne remue plus et le manteau de Charles X lui sert de linceul ; d'Orléans le pousse du pied et ramasse la couronne qu'il coiffe par-dessus son bonnet de coton. — Bourgeois et vile multitude, saluez, c'est la société nouvelle ; cette fois, la substitution est bien complète.

La bourgeoisie palpe enfin les fruits de son héritage, elle a tout et est tout ; elle est heureuse et jouit ; elle n'est pas aventurière et cascadeuse comme la noblesse, elle ; non, elle va digérer tranquillement son bonheur devant la cheminée entre sa caisse et son bonnet à poil. M. Million va remplacer monseigneur de hauts Pignons. Plus tard, on songera à prendre titres et Henri Monnier viendra nous apprendre à les porter ; en attendant l'on est citoyen. C'est l'ère de la paix et du travail. Prolétaire ! à tes outils ! au travail ! au travail ! peuple. — Nous autres, gens d'ordre, nous ne te demandons pas ton sang, nous ne voulons que ta sueur.

Comme une terre remuée par le soc fournit une nouvelle et abondante moisson, la société, si profondément remuée, produit une légion de chercheurs et de penseurs. Les inventions se multiplient, les machines ne se comptent plus. Le génie humain a perfectionné le produit, décuplé la production, diminué le labeur ; l'industrie s'élance de toute la force motrice qui la pousse, de toute la rapidité du volant qui l'entraîne.

Et chaque éclair de génie, chaque découverte utile, chaque combinaison ingénieuse, chaque secret arraché à la nature, toutes vérités démontrées par la science, unies aux gouttes de sueurs prolétariennes, se changent en pièces d'or dans la sébile mercantile et bourgeoise. L'effort de tous, pour le profit de quelques-uns. Monseigneur capital fait son entrée en scène. La bourgeoisie aura aussi sa noblesse, c'est juste, après la noblesse antique des tire-bourses et des coupe-gorges, la noblesse éphémère des tueries et du harnais, puis enfin la noblesse de l'usine et de la caisse. Les barons de Rochetimbole valent bien les Beauharnais, tout comme ceux-ci valent bien les Montmorency.

Le mot d'ordre part d'en haut : Faites travailler, le travail est la muselière du peuple. La fortune est du travail amassé, voilà l'exorde. Enrichissez-vous, voilà la devise. Faites travailler, achetez, vendez, tripotez, filoutez du comptoir à la bourse et de la bourse au comptoir.

C'est le règne de la bourgeoisie, la nation est heureuse. Voyez plutôt cette belle garde nationale comme elle est fraîche, jouflue, dodue, ventrue.

Parfois, il est vrai, dominant le grincement des machines, le tintement de l'or, le rire bruyant de la classe dirigeante, une plainte sinistre comme un râle se fait entendre ; cela sort des caves de Lille. Un sanglot de colère et de désespoir éclate ; c'est toi, pauvre Canut de Lyon, qui fait de l'insurrection un moyen de suicide. Un homme de cœur proteste, un autre fait une tentative de délivrance ; mais l'ordre règne.

Cependant, en même temps qu'elle accumule les millions, la haute bourgeoisie absorbe tout le pouvoir et refuse toute ingérence à ses fils, de là la révolution de 48 commencée par une simple sommation de leurs neveux aux nouveaux barons, d'avoir à les reconnaître comme étant de la famille. Cela s'appelle l'admission des capacités.

Du peuple et du suffrage universel, il n'en est pas question. Ce fut l'entêtement de louis de vingt francs et ses conséquences qui élargirent la réforme et reculèrent le cens au-delà du prolétariat. La révolution, une fois lâchée, déborda la bourgeoisie. Il fallut bien dans le premier moment concéder quelque chose au peuple armé, quitte à lui reprendre bientôt. Comme toujours, trop magnanime et trop crédule, celui-ci s'empressa d'ajouter une foi aveugle aux promesses fallacieuses de ceux qu'ils mettaient au pouvoir et leur donna carte blanche pour assurer son avenir. Convaincu que les maux dont il souffrait avaient uniquement pour cause la forme du gouvernement, il était évident, pour lui, que sa misère devait finir avec la monarchie.

D'ailleurs le peuple était patient ; il n'exigeait pas de suite le paiement de sa note et comme il le disait, dans sa naïveté généreuse, il mettait trois mois de misère au service de la République ; c'était hélas plus qu'il n'en fallait aux hommes du gouvernement provisoire pour organiser l'écrasement du créancier. La traite, en effet, revint bien à son heure, mais elle fut protestée et vous savez, pavés de juin, comment on la solda,

La portion libérale de la bourgeoisie qui avait réclamé l'admission des capacités, une fois en possession du pouvoir, comprit qu'aucun gouvernement monarchique, si parlementaire qu'il fût, ne vaudrait pour elle un gouvernement de forme républicaine, fait à son image et à son usage ; ce fut alors qu'apparut dans toute sa beauté la politique de bascule, politique tortueuse et lâche, à qui, de nos jours, l'on donne impudemment le nom de politique des résultats ; résultats négatifs sans doute ; politique qui avait, comme elle a encore, pour objectif la démocratie ; pour mission, d'étouffer toutes revendications sociales, toutes vélléités d'indépendance économique du prolétariat, et dont les chefs nient, aujourd'hui comme alors, la question sociale.

La question sociale, qu'est-ce que c'est que cela ? Il n'y a pas de question sociale depuis 1789, depuis la déclaration des droits de l'homme, depuis la déclaration de l'égalité des citoyens. Tout ce que l'on peut faire pour vous, dit M. Gambetta, c'est de proclamer encore le droit au travail, » l'école à l'enfant, le travail à l'adulte. » C'est beau au point de vue général, mais c'est cynique au point de vue de l'omnipotent du jour.

Traduction libre, le prolétariat est le bas de l'échelle dont nous sommes le haut et est ainsi nécessaire à l'équilibre de la société ; le salariat sera éternel comme notre égoïsme, attendu que dans notre économie sociale l'opulence des uns est nécessairement faite du dénuement des autres, et que nous ne concevons ni ne pouvons concevoir une autre organisation. Nous verrons donc s'il y a moyen de faire que vous ne manquiez pas de travail ; il y va de notre intérêt puisque c'est votre travail qui fait notre bien-être. Mais soyez patients, continuez, en attendant, à vous serrer le ventre en silence et à faire le moins de bruit possible en claquant des dents.

M. Gambetta est bien bon, mais nous sommes meilleurs ; ce que nous voulons, ce n'est pas seulement le droit au travail mais le droit de vivre en travaillant.

Cette politique Malthusiène dont les Pascal Duprat et autres Cavaignac, se firent les sanguinaires exécuteurs, dota la France de la Constitution bourgeoise de 49, laquelle servit au bandit Verhuel à faire des bourres le 2 décembre.

Le résultat donné par cette constitution bâtarde, violée presque aussitôt sa promulgation par ses auteurs eux-mêmes, sera fatalement la même chaque fois que la bourgeoisie tentera un essai loyal de la république conservatrice, libérale, opportuniste, voire même radicale; que sais-je encore. C'est le cul-de-sac final, définitif; la démonstration s'en est faite récemment et se fera malheureusement encore.

Étant donné, le système économique de la bourgeoisie, son organisation commerciale et industrielle, thésaurisatrice; l'exploitation éhontée qu'elle fait de l'homme; son appropriation arbitraire et odieuse des bénéfices du travail; la spoliation systématique du travailleur qu'elle réduit à l'état d'homme machine et de bête de somme du capital, la bourgeoisie ne saurait se passer, pour maintenir cet état de choses, d'une force armée passive sur laquelle elle s'appuie mais dont elle est à son tour la dépendante et la victime.

Le système politique de la bourgeoisie, depuis son

avènement au pouvoir, a été constamment le même :
Renverser et neutraliser les factions monarchiques, atténuer les prétentions et l'ambition cléricales, tenir en
regard les escarpes bonapartistes, garder le pouvoir enfin
au moyen du peuple ; puis compresser, maintenir dans
son état misérable, au point de vue moral et matériel,
le prolétariat, à l'aide de l'armée : tel est ce système et
et il ne saurait être autre.

La bourgeoisie ne saurait faire aucune concession,
aucune réforme sociale sans porter atteinte à son système
économique. Au point de vue politique, quel que soit son
bon vouloir, quel que soit ses idées organiques, son désir
de progrès législatif et d'amélioration libérale, elle est
forcée de s'en tenir éternellement aux promesses et ne
saurait aller plus loin sans froisser les sentiments réactionnaires des factions monarchiques sur lesquelles elle
s'appuie pour maintenir l'ordre social sur lequel est basé
son système gouvernemental : tel est le dilemme.

Qu'a donc gagné le prolétariat à ces diverses révolutions politiques ? Peu de chose, sinon rien.

89 le prend serf et le fait salarié ; 1830 lui prend
son sang et ses illusions et ne lui donne rien ; 1848 forcé
de l'appeler à son aide, lui concède le suffrage universel.
Or le suffrage universel, étant donné l'état de dépendance du prolétariat, n'est pas une arme mais un leurre ;
car le prolétaire est à la merci de la bourgeoisie,
voire même des factions monarchiques criminellement
réactionnaires.

Le suffrage universel ne sera ce qu'il doit être que
dégagé de toute pression administrative ou individuelle,
c'est-à-dire avec l'autonomie complète du groupe dans
la nation et de l'individu dans le groupe. Mais tant que

les votes du prolétariat pourront dépendre des nécessités matérielles de la vie, le suffrage universel ne sera qu'un mensonge pour le prolétariat. C'est au prolétariat à sortir de cette situation, en prenant la place à laquelle il a droit.

ALPHONSE CHOIX,
Cordonnier.

ÉTAT SOCIAL

de la

POPULATION EN FRANCE SOUS LE RAPPORT MATÉRIEL

1° Dénuement, Misère, Pauvreté,	24 millions
2° Pauvreté mitigée	6 —
3° Demi aisance	6 —
4° Aisance, 650,000	
5° Richesse, 350,000	1 —
Population générale de la France en nombre rond.	37 millions

REPRÉSENTATION NATIONALE

Le prolétariat devrait avoir pour représentants spéciaux. . . . .   500 députés.

L'aisance et la richesse. . .   100 —

TOTAL. . .   600 députés.

Quand il y aura cette justice en France, le peuple recevra satisfaction.

EUG. CHEVALLIER.

LES PLAIES SOCIALES.

—

Tous ceux qui travaillent, tous ceux qui ont la notion du bien, et qui veulent le règne de la vérité, tous les bons citoyens en un mot doivent se grouper autour du parti socialiste.

Nous avons en France le parti légitimiste, représentant l'ancien régime et quelques milliers d'individus.

Nous avons le parti orléaniste et le parti bonapartiste, qui représentent une portion de la bourgeoisie.

Nous avons les cléricaux qui s'introduisent dans tous les partis, non pour les améliorer, mais pour donner à chacun une arme extrêmement redoutable contre l'élément populaire de la nation.

Je ne veux pas trop décrier le parti républicain, actuellement au pouvoir ; cependant, je suis forcé de dire qu'il manque, à la majorité de nos représentants, une foule des qualités qu'ils devraient avoir pour nous représenter convenablement.

Oui, il faut grossir le parti socialiste. Ce parti comprendra d'abord tous les prolétaires dévoués aux intérêts généraux du pays, et, comme ce parti représente la justice, il absorbera tous les autres partis, et alors il n'y aura plus parmi nous que des citoyens égaux en droit.

Le peuple qui, aujourd'hui, n'a qu'une bien faible part à la direction des affaires, en se perfectionnant deviendra tout puissant ; il saura commander avec con-

5

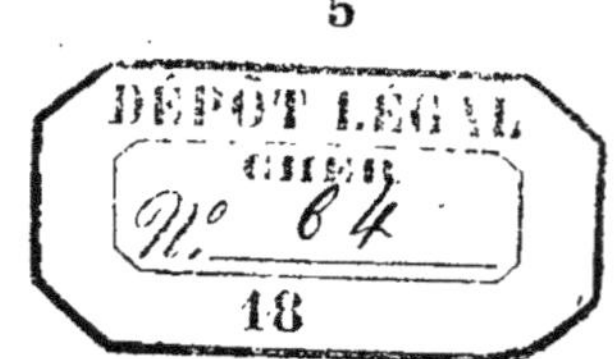

venance, et sera très-dignement servi par ceux qui auront accepté l'honneur de le représenter.

Fortifions sans retard ce grand parti des travailleurs.

Il y a en France, sur une population de 37 millions : 36 millions de dirigés, et un million de dirigeants.

Tant qu'il en sera ainsi, nous ne pourrons pas obtenir de véritables améliorations.

Pour obtenir les réformes nécessaires, indispensables à notre vie morale, intellectuelle et matérielle, il faut que le peuple entier soit représenté directement dans les conseils du gouvernement républicain, non pas par des députés soi-disant démocrates, mais par des représentants pris dans les entrailles du peuple, et qui ont vécu et souffert avec lui.

Les riches faisant seuls les lois, les feront toujours à leur profit, ils se déchargeront, autant qu'ils le pourront, et les impôts frapperont préférablement les objets de consommation, surtout ceux d'un usage général et journalier.

Les riches dirigeants ne détruiront pas tous les priviléges et tous les abus qu'il importe de faire disparaître.

Nos bourgeois dirigeants ne donneront pas à la nation la bonne et complète organisation de l'instruction professionnelle, de l'éducation civique, qui développeraient les facultés de chacun.

L'instruction à tous les degrés, suivant les facultés de chacun, ce serait l'anéantissement des classes ; nos bourgeois perdraient leurs priviléges : ils ne sont pas disposés à faire ce sacrifice.

L'égalité, cela fait bien dans un livre ou dans un discours ; on en use, on en abuse ; mais, dans la pratique, nos dirigeants n'en veulent pas ; nous serons donc obligés de leur forcer la main.

L'organisation du travail : Voilà encore ce qui sonne mal aux oreilles des exploiteurs. L'aristocratie financière a formé beaucoup d'entreprises industrielles qui rapportent de gros intérêts ; pour faire prospérer ces entreprises, il faut des machines mécaniques et des machines animées; c'est-à-dire, des hommes, des femmes, des enfants ; il est donc tout naturel que les industriels soient des ennemis de toute organisation populaire du travail.

S'il est question de rendre les hommes meilleurs et plus heureux, s'il s'agit de réformer les abus, les injustices, les monstruosités sociales. On dit, chez nos gouvernants, « c'est inopportun, nous nous occuperons de cela plus tard. »

Mais il est opportun de favoriser, dès maintenant, les hommes de la finance et du gros commerce, qui associent leurs capitaux pour exploiter l'industrie. Ces grandes maisons ruinent le petit commerce, et font diminuer le salaire des ouvriers et des ouvrières.

C'est la liberté, dit-on, nous pouvons en faire autant ; nous qui n'avons plus en perspective que la misère : dérision.

C'est opportun de favoriser les grandes usines, où les travailleurs deviennent des machines vivantes, où leur intelligence s'éteint, où leur personnalité et leur moralité diminuent de plus en plus.

Lorsqu'on signale ces vices sociaux, on répond « ces établissements sont très-importants et d'une utilité indispensable.

Certainement qu'il est bon d'encourager l'industrie,

mais il faut que le travail profite à l'ouvrier, et ce qui est vraiment opportun, c'est de combattre l'exploitation de l'homme par l'homme.

Il ne faut pas que les découvertes, les inventions se tournent contre les travailleurs, et amènent un accroissement de gêne et de misère.

Formons donc, citoyens travailleurs, une ligue du bien public, un parti discipliné et uni.

Servons-nous, d'une manière intelligente, de notre bulletin de vote ; que ce soit, entre nos mains, une arme puissante ; si nous savons nous en servir, nous obtiendrons toutes les réformes, toutes les améliorations que nous pouvons raisonnablement réclamer.

Surveillons, avec une vigilance sévère, les hommes chargés de défendre nos intérêts, et, lorsqu'ils s'attarderont, en disputes byzantines, sur des sujets d'une utilité douteuse, faisons entendre notre voix souveraine.

Rappelons-leur les promesses qu'ils nous ont faites et les obligations qu'ils ont contractées en recherchant nos suffrages.

Dans les circonstances critiques où se trouve la nation française, il n'est pas sage de remettre au lendemain les réformes possibles dès ce jour.

Comment voulez-vous que nous ayons confiance en vous, hommes du Pouvoir, si notre misère ne vous touche pas profondément.

Vous dites « nous réformerons l'année prochaine ou dans deux ans, » permettez-moi de vous répondre :

« C'est insensé. »

Pourquoi attendre ? Si une réforme est devenue nécessaire, n'est-il pas plus logique de l'opérer immédiatement, afin d'en faire profiter la plus grande masse des travailleurs et cela le plus promptement possible ?

Et vous nous marchandez les libertés dont nous avons besoin, pour rétablir la paix dans la famille et la dignité dans la République.

D'autre part, le besoin nous presse, et nous désirons une solution. Ne dites donc plus « il n'y a pas de question sociale » car la question sociale c'est tout ; le reste n'est rien ou peu de chose.

Travaillez avec nous tous à résoudre le problème social, représentants du peuple français, car ceux de vous qui n'en feront pas leur principale occupation, mériteront notre désapprobation qui se traduira, par un congé que nous vous donnerons en bonne forme, d'une manière définitive, sans espoir de retour.

Eugène CHEVALLIER,
Instituteur libre.

Le docteur Bertillon, de l'Académie de médecine, écrivait en 1867 : « Cent trente mille personnes succombent chaque année à des maladies qui s'appellent barbarie, misère, ignorance.

« 26,000 vieillards succombent trop tôt ;

« 60,000 au-dessous de 15 ans auraient pu être conservés ;

« 44,000 adultes dont la mort aurait pu être évitée. »

Total : 130,000 morts annuelles à mettre au compte des imperfections sociales.

I

L'ASSOCIATION

Je crois que c'est par l'association, que les ouvriers obtiendront les libertés et les améliorations sociales que nous réclamons tous.

Que peut chaque ouvrier, même instruit, pris isolément ? quelle force a-t-il ? Mais si plusieurs groupes se mettent en rapport et s'entraident, le résultat sera tout autre : sachant ce qui nous manque, nous saurons trouver ce qu'il nous faut.

Ceux qui exploitent les travailleurs savent employer les moyens de produire beaucoup pour eux, et peu pour nous. Par l'association, nous pouvons supprimer l'exploiteur et travailler directement pour nous.

Nous ferons ainsi deux bonnes choses : nous ôterons aux parasites des ressources, qui accumulées forment des fortunes scandaleuses, et nous donnerons aux véritables producteurs les moyens de vivre heureux en travaillant.

Et, pour la consommation, si les ouvriers le voulaient bien, ils pourraient, d'une manière assez simple, par l'association volontaire, acheter les denrées et marchandises d'un usage général, en gros, de première main, sans intermédiaires, et se les partager à prix coûtant ou à peu près.

De cette façon, on aurait, a un moindre prix, des choses meilleures, et, si l'on organisait bien le service, le tout se ferait facilement au grand avantage de chacun.

Plus tard, en se perfectionnant, ces associations s'étendraient à tous nos besoins, en profitant à tous :

Le malheur est que nous parlons beaucoup de réformes, mais que nous ne faisons rien ou peu de chose, pour réaliser les améliorations.

Nous qui avons tant de peines dans la vie, nous qui redoutons les accidents, les maladies, le chômage, mettons-nous en garde contre la misère : *Associons-nous*.

Travailleurs qui voulez améliorer votre sort, il est temps de sortir de votre torpeur ; venez avec confiance vous joindre à vos frères militants, n'écoutez pas les sottes fadaises des peureux, ayez le courage de faire le bien ; plus de pusillanimité, soyez ce que vous devez être.

Instruits par l'expérience, forts de votre droit, agissez librement en restant dans la légalité ; quelques minimes que soient les droits qu'on vous accorde, usez-en le plus largement possible.

En pensant à vos souffrances passées, présentes ou à venir, la réflexion doit vous porter à vous joindre à vos camarades, qui travaillent pour vous comme pour eux ; aidez-les dans la lutte gigantesque qu'ils ont entreprise.

II

L'ÉDUCATION CIVIQUE

J'ai toujours compris que nous, travailleurs, nous n'obtiendrons l'éducation civique, égale pour tous, que par la pression de l'opinion publique, sur nos gouvernants.

Et nous n'aurons de sérieuses réformes sociales, que par l'éducation civique du peuple.

Mettons donc tout en œuvre pour obtenir la liberté de réunion, d'association, et, comme conséquence, la liberté de l'enseignement ; non pas seulement pour les catholiques, les protestants et les juifs ; mais aussi pour les libres penseurs ; c'est-à-dire la liberté complète : il doit suffire à un honnête homme de prouver son honnêteté pour avoir le droit d'enseigner.

Quand aux écoles nationales, elles doivent être dirigées par d'honorables citoyens, capables de faire des hommes, et non pas des congréganistes, qui tendent toujours à entraver le progrès.

Lorsque nous aurons obtenu une forte instruction, dégagée des superstitions religieuses, nous serons en bon chemin, et nous trouverons des citoyens dévoués pour représenter nos intérêts moraux et matériels ; nous aurons des maîtres pour former nos enfants à la vie publique, et aux vertus républicaines.

Nous aurons des écoles professionnelles, où les arts et les sciences seront enseignées, suivant les facultés de chacun.

L'instruction sera donnée gratuitement à tous les dégrés, de sorte que chaque citoyen prendra, dans la société, la place qu'il a droit d'y occuper par ses talents et ses vertus.

Alors, nous verrons clair dans nos affaires, et nous pourrons les régir nous-mêmes avec justice. Perfectionnant continuellement notre organisation politique et sociale, nous ferons quelque bien profitable à la génération présente. Mais nous ferons beaucoup plus pour le bonheur de nos enfants.

Claude VALLÈRE,
Galochier.

III

UTILITÉ DE JOURNAUX OUVRIERS

—

Il est urgent que les travailleurs prennent une part active et directe à toutes les affaires qui intéressent l'avenir de notre pays.

Les prolétaires ont, jusqu'à ce jour, mis trop de complaisance au service des partis ; ils ont eu une trop grande confiance dans les hommes politiques qui leur ont fait de belles promesses : ils ont presque toujours été dupés parce qu'ils ont été naïfs.

Ce ne sont plus des promesses qu'il faut au peuple, il veut obtenir sa part des avantages sociaux ; puisque les charges ne lui sont pas épargnées, il est très-juste que les produits qu'il crée lui assurent une existence convenable.

Je crois qu'un des meilleurs moyens de faire de tous les travailleurs des citoyens actifs, qui devront être pris au sérieux, c'est de créer des journaux spéciaux pour défendre les intérêts sociaux et politiques du prolétariat.

Nous avons eu souvent la preuve, en effet, que nos intérêts étaient négligés ou sacrifiés à telle ou telle considération mesquine, mais raisonnée, parce que nos représentants à la Chambre ou les directeurs des journaux avaient des motifs tout personnels pour laisser dormir nos plus légitimes réclamations.

Pauvres moutons que nous sommes ! nous nous apercevons bien qu'on se joue de notre impuissance ;

mais n'ayant aucun moyen de réclamer, nous nous taisons.

Lorsque nous aurons des journaux fondés par nos sociétés ouvrières, sans le concours des capitalistes, on n'osera plus nous dédaigner, car nous aurons des armes pour nous défendre.

On comptera avec nous, parce qu'on ne pourra plus étouffer nos réclamations ; on nous donnera quelques satisfactions parce que nous pourrons faire connaître les injustices qui nous atteindront.

Et puis alors, nous aurons un moyen puissant de travailler à l'union des prolétaires, à la concorde entre les travailleurs, à la solidarité des ouvriers pour faire une force capable de peser sur la délibérations de nos assemblés politiques ; capable de discipliner le peuple pour former des associations démocratiques très-avantageuses aux intérêts de la justice ; capables de nommer, pour nous représenter, des hommes vraiment populaires, pris dans les entrailles du peuple. Que ce temps viênne bientôt, et nos espérances seront des réalités.

Le couronnement de la société moderne doit être l'amélioration morale, matérielle et intellectuelle du sort des classes laborieuses.

WOLOWSKI.

L'UNION FAIT LA FORCE

Artisans et artistes, rapprochons-nous et marchons ensemble vers le progrès ; il y a de nobles cœurs partout, j'aime à le constater ; mettons de côté le sot orgueil ou les préjugés ; mettons en commun nos bonnes qualités ; fortifions-nous dans le bien les uns par les autres.

Nous avons à satisfaire les besoins du corps et les besoins de l'esprit, cherchons donc les moyens de pourvoir convenablement aux uns et aux autres.

Nous aurons, par le rapprochement des hommes qui ont vécu jusqu'ici séparés, un puissant moyen de rétablir l'harmonie sociale. Il n'y a pas de classes inférieures ; laissons les figaristes se moquer de nos efforts ; laissons-les avec leur sotte vanité aristocratique et continuons à travailler à l'union de tous les bons citoyens.

Il serait déraisonnable de croire que nous pouvons avoir tous les mêmes idées, les mêmes nuances de caractère, et par conséquent les mêmes goûts et la même manière de raisonner.

Non, la nature est diverse ; l'éducation que nous recevons et les travaux qui en sont la suite et la conséquence, modifient notre être, au moral et au physique.

Nous avons chacun nos préjugés résultant du milieu où nous avons vécu et des habitudes que nous avons contractées.

Le sentiment s'est développé régulièrement, aidé par une bonne direction, ou bien il a été continuellement contrarié par des obstacles, empoisonné par le vice ou la misère.

Il doit donc y avoir aujourd'hui, et il y a en effet, de grandes différences entre les hommes dans la façon de penser et d'agir ; mais ces différences, qu'on ne fera jamais disparaître entièrement, seront beaucoup amoindries par une bonne éducation sociale.

Nous devons avoir, pour les bonnes natures surtout, une grande bienveillance et nous serons conciliants avec tous ceux qui voudront travailler au perfectionnement de l'humanité.

Tous les prolétaires de bonne volonté, qu'ils soient ouvriers, manuels ou travailleurs de la pensée, tous doivent s'occuper de la fondation de la République sociale universelle.

Il ne faut pas améliorer seulement une portion de l'existence, il faut que l'art devienne populaire, pour que la vie de l'esprit reçoive des satisfactions qui lui manquent.

Lorsque le corps ne souffrira plus, lorsque l'intelligence aura une saine, agréable et fortifiante nourriture, l'homme sera ce qu'il doit être.

Il y a beaucoup à faire pour arriver à la perfection relative que nous rêvons. Nos pères de 89 nous ont ouvert la voie ; c'est à nous de reprendre le chemin qu'il nous ont indiqué.

Leurs efforts ont profité à quelques-uns ; il faut que nous fassions mieux ; il faut que les réformes que nous voulons introduire dans la société profitent à tous les citoyens indistinctement.

L'égoïsme est l'ennemi qu'il nous faut combattre ; c'est dans l'association que nous pouvons trouver nos moyens d'organiser la lutte contre l'exploitation dont nous souffrons ; faisons donc promptement un faisceau de nos faibles moyens et nous aurons une force invincible.

ÉMILE SAINT-HILAIRE,
Artiste.

Le bonheur universel n'est pas une utopie.

ÉMILE DE GIRARDIN.

L'AVENIR SOCIAL

Nos législateurs de la grande Révolution ont rendu un immense service aux travailleurs des champs en décrétant le morcellement des terres et en abolissant le servage. Les terres sont devenues accessibles à tous, et le travailleur a pu tirer parti de son pénible labeur. C'était un acheminement vers la propriété.

En a-t-il été de même pour les travailleurs des villes ? Assurément non ; de serf qu'il était, l'ouvrier des villes est devenu salarié : peu de changement dans sa position. Il a la liberté de travailler ou de mourir de faim.

On a aboli les jurandes, ce qui a donné droit à tout ouvrier de s'établir et de travailler à son compte personnel, sans être obligé de payer les taxes de maîtrises ; c'est un pas de fait vers l'affranchissement, mais on a tellement gêné cette marche par des entraves successives, plus blessantes et plus humiliantes les unes que autres, que le plus grand nombre des ouvriers sont forcément des salariés.

Pour s'établir, travailler ou commercer à son compte, il faut une certaine avance, il faut une première mise de fonds, et rarement le travailleur a pu réaliser par des économies assez de capitaux pour faire marcher un établissement d'une certaine importance, car le salaire qu'on lui accorde est calculé de manière à le faire vivre péniblement, sans jamais pouvoir sortir de la misérable situation ou le sort l'a placé.

Il est toujours préoccupé de l'incertitude du lendemain ; il ne sait s'il aura une bouchée de pain pour lui et les siens, et si un terrible fléau, le chômage ou la maladie, ne viendra pas l'accabler ; il faut y avoir passé, il faut avoir vécu de cette vie de misères et de larmes pour en connaître tous les tourments.

Bastien a dit : l'homme seul ne peut se suffire à lui-même, associé à d'autres il produit plus que le nécessaire, il produit le superflu. Pourquoi donc restons-nous isolés ? Pourquoi ne mettons-nous pas en mouvement ce puissant levier, l'association sous toutes ses formes ? Pourquoi ne nous imposerions-nous pas des privations pour faire ensemble ce que nous ne pouvons obtenir isolément. Ne sommes-nous pas habitués à souffrir ? Notre misère est déjà grande, c'est vrai, mais quels efforts ne ferons-nous pas pour conquérir notre affranchissement.

Voyez le calcul, page 7 de ce livre ; la multiplicité du sou n'a-t-elle pas une puissance incroyable ? Avons-nous besoin de 5 ans, de 10 ans pour conquérir le capital ? Pourquoi n'essaierions-nous pas ? Qu'est-ce que 10 ans en comparaison des siècles de souffrances passés, il n'y a de salut que dans notre bonne volonté et dans notre union.

Nous demandons simplement à vivre du fruit de notre travail, nous désirons ne pas mourir misérablement à un hospice ou au coin d'une borne de la rue ; nous demandons notre droit, notre part de bien-être.

Nous ne prétendons exploiter personne, mais nous demandons la réforme des lois pour ne pas être exploités. Légalement et pacifiquement, nous ne cesserons de demander justice ; nous combattrons au besoin, non pas à coups de fusil, mais à coups de bulletins de vote. Nous demanderons sans cesse, jusqu'à ce que nous l'ayons obtenue, une légitime satisfaction de nos droits, toujours méconnus.

Il faut des journaux spéciaux pour nous éclairer ; il nous faut la lumière pour marcher en avant. L'instruction c'est la lumière, c'est la civilisation. Avec la civilisation et le travail, nous chasserons la misère de chez nous.

Pour conduire notre affranchissement à bonne fin, il faut une forte volonté, une grande énergie, l'union et la solidarité. Pour réussir, il faut faire nos affaires nous-mêmes. Le proverbe dit : « Voulez-vous que vos affaires soient mal faites, faites-les faire ; voulez-vous qu'elles soient bien faites, faites-les vous-mêmes. » Donc, à l'œuvre, frères, que chacun de nous apporte sa part d'intelligence à l'édification sociale.

SCHWANDER,

Pareur, à Evreux.

La principale cause de la misère publique, c'est le nombre des frelons oisifs qui se nourrissent de la sueur du travail d'autri.

Thomas Morus.

MISSION DE LA FEMME

—

Si comme l'homme, la femme n'est pas destinée aux luttes de la vie publique, sa mission n'en est pas moins grande dans la société.

C'est la femme qui doit élever et former le cœur de l'homme, et il faut pour cela qu'elle commence à élever ses enfants.

C'est de la mère que l'enfant reçoit les premières impressions qui ne s'effacent jamais, et qui plus tard le consolent, le soutiennent dans les difficultés de la vie.

Au foyer domestique, la femme doit par l'économie, et le bon ordre, augmenter l'aisance ou diminuer la misère.

A la femme est départie la grande œuvre de moralisation ; la douceur de son caractère et la délicatesse de ses sentiments la disposent naturellement à donner à la première éducation une très-grande importance. qu'elle n'en a actuellement

La jeune fille modeste et éclairée fait la vertueuse mère de famille. La bonne mère préparera dans l'avenir les bons citoyens.

La femme qui veut devenir l'honneur de la famille, doit vivre avec son époux, non comme une créature servile, mais elle doit avoir pour lui cette affec-

tion qui vient du fond de l'âme. — Et ce sentiment
doit être réciproque. ·

Ch. VERNEUIL,
Typographe.

Une bonne femme et un bon métier, voilà la première des libertés et de celle-là viendront toutes les
autres.

Michelet.

DU TRAVAIL DES FEMMES

Le chômage prend des proportions effrayantes
pour tous les travailleurs ; il est donc important d'en
rechercher les causes, afin de pouvoir diminuer la misère.

Le travail des femmes, le travail à la tâche et l'exploitation des machines sont les principales causes du
chômage.

Dans cet article, je veux parler surtout du travail
des femmes mariées, pour démontrer que la place de
l'épouse, de la mère, est au foyer et non à l'atelier.

Le père, par son travail, doit gagner largement pour
les besoins de sa famille et, dans une société bien réglée,

6

ce travail devra être régulier sans être excessif, puisque le corps a besoin de repos et l'esprit d'activité.

Le travail de la femme a des conséquences funestes. La mère qui travaille à l'atelier néglige son ménage et ses enfants pour gagner 2 fr. 50 par jour, en moyenne, (je suis au-dessus de la vérité). Elle croit apporter à la maison un complément indispensable au salaire insuffisant de son mari : elle se trompe.

Dans les manufactures, l'homme est séparé de sa femme, et les enfants en bas-âge restent seuls entre quatre murs ou sont mis en garde chez des mercenaires qui n'en ont pas soin. | La mère, pressée de partir pour arriver à l'heure réglementaire, laisse tout en désordre et néglige toutes les précautions hygiéniques de propreté.

Les enfants grandissent sans surveillance et en vagabondant prennent de mauvaises habitudes qu'ils conserveront toute leur vie.

Examinons donc si la femme a vraiment produit quinze francs par semaine pour suppléer à l'insuffisance du salaire du mari.

En restant à la maison pour soigner son ménage et ses enfants, elle aurait pu laver son linge et épargner 4 fr. par semaine ; pour faire garder ses enfants, les nourrir et les soigner elle paie ou perd une dizaine de francs, avec les autres frais que lui occasionne son absence, on peut porter à 15 francs la perte par semaine, et le gain de 15 francs se trouve réduit à zéro.

Mauvaise nourriture, défaut de soins et de propreté, relâchement des liens de famille, mauvaise éducation des enfants, augmentation de chômage pour l'homme, et augmentation de misère, sans aucune compensation ; voilà le résultat du travail de la femme à l'atelier.

La femme dans son ménage, c'est tout autre chose : les enfants sont soignés et prennent de meilleures habitudes ; le linge et les vêtements sont proprement entretenus, durent davantage ; La nourriture est plus fortifiante qu'à la gargotte et les liens de famille se font sentir sur l'homme, sur la femme et sur les enfants en les moralisant.

Si les causes de chômage disparaissaient : le mari au lieu de recevoir 4 à 5 francs recevrait de 7 à 8 francs pour une journée régulière de 8 à 10 heures.

Voilà pour le travail de la mère de famille ; mais avant de terminer je veux dire un mot du travail des jeunes filles dans les ateliers.

C'est ordinairement de 11 à 12 ans, que ces enfants commencent à travailler dans des ateliers insalubres, en société de filles plus grandes qui ont ordinairement des habitudes vicieuses ; par conséquent, ces enfants qui ne sont pas encore formées, ni du corps ni de l'esprit, s'étiolent faute d'air, et prennent les habitudes funestes de leurs compagnes.

Les exploitateurs ne voient, dans le travail des femmes, qu'un moyen de faire un profit plus considérable en payant moins de main-d'œuvre : c'est toujours une canse de chômage pour les chefs de famille.

Il est très-important que cette vérité soit bien démontrée, et que tout soit mis en œuvre pour changer cet état de choses, si préjudiciable à la moralité publique.

Il faut que le travail de l'homme soit convenablement rénuméré, pour que l'ouvrier puisse vivre convenablement en famille, de la vie intellectuelle et de la vie matérielle.

Il faut que les enfants reçoivent, dans la maison paternelle, les soins et l'éducation de la mère ; puis ensuite, l'éducation civique dans les écoles nationales.

Il faut que les enfants reçoivent une instruction professionnelle étendue, qu'ils mettront en pratique sous les yeux de leurs parents, ou dans des ateliers, où les filles surtout, ne recevront que des bons et salutaires exemples.

C'est ainsi que nous pouvons améliorer la nouvelle génération, au moral comme au physique, et former de bons citoyens.

REBINS,

employé de commerce à Rueil (Seine-et-Oise).

———

La Préfecture de police de la Seine a donné dernièrement les chiffres suivants :

13,500 ateliers de Paris occupent 34,405 enfants : 14,870 garçons et 19,535 filles.

———

LE PROGRÈS SOCIAL

La philosophie du xviiiᵉ siècle a affranchi les esprits des croyances religieuses ; mais comme cet affranchissement n'a été que partiel, il s'en est suivi un égoïsme calculé chez cette portion de la nation qui était en position de s'enrichir, en exploitant le travail des masses.

A partir de ce moment, les capitalistes se sont unis, et ils ont avisé au moyen de se garantir de toute attaque venant des abus du passé ou des aspirations de l'avenir.

Ils ont pensé que l'instruction religieuse, chez le peuple, était excellente pour perpétuer cette soumission et ces préjugés qui le font si facile à conduire. L'esprit de dissimulation est développé le plus possible dans l'enfant, et cela dans le but d'empêcher la confiance de régner entre eux, lorsqu'ils seront devenus des hommes ; aussi le sort des travailleurs s'améliorera-t-il lentement.

Les innovations ont doté l'industrie de puissants moyens de production, qui auraient dû augmenter le bien-être général, et cependant le pauvre n'a trouvé, dans les progrès matériels, qu'un surcroît de peines et de misères.

Cet état de choses dure et durera longtemps encore, si nous nous contentons d'exposer nos maux à ceux qui nous gouvernent, en les priant de les faire cesser.

Ils nous répondront, que chacun est libre de travailler et d'acquérir ; que l'État n'a pas à intervenir. C'est donc le peuple lui-même qui doit établir le règne de la justice ; mais pour cela il est nécessaire qu'il devienne plus sage et plus vertueux que ceux qui l'oppriment, sans quoi tous ses efforts seront vains.

La *Solidarité* est le levier qui doit soulever les obstacles accumulés sur la route que les travailleurs doivent suivre pour arriver au bien-être ; jusqu'à présent, les tentatives en vue de ce résultat ont été individuelles ; c'est pourquoi elles n'ont pas réussi.

Les révolutions même, si on les considère au point de vue intellectuel, n'ont été l'œuvre que de quelques hommes devançant les masses, lesquelles n'ont fourni que le sentiment et l'action.

Aussi, ces hommes n'ont pas été convenablement secondés par ceux dont ils voulaient le bien et, au contraire, ils se sont souvent vu ravir la confiance du peuple par des intriguants adroits et flatteurs.

Profitant des leçons que l'histoire nous fournit, les travailleurs doivent préparer, d'une manière plus sérieuse, la révolution sociale pacifique qui peu rétablir l'ordre et la paix parmi nous.

C'est par l'association que nous pouvons détruire la misère. Il est une vérité qu'il importe de propager : les intérêts matériels de chacun sont subordonnés aux actes de justice et de fraternité que lui dicte sa conscience.

Si notre égoïsme nous pousse toujours à jouir de la vie aux dépens d'autrui, nous n'arriverons à aucune amélioration sociale.

Si au contraire nous ne travaillons pas à l'aisance de tous, nous arriverons à un succès certain, et nous satisferons en même temps nos besoins physiques et nos sentiments moraux.

Oui me diront les sceptiques, « ce que vous dites est très bien, mais c'est impossible ; il y aura toujours des paresseux, des ivrognes, et ceux qui sont sobres et laborieux ne voudront pas travailler pour les fainéants.»

A ceux-ci je réponds : que dans toute association bien réglée, celui qui produit beaucoup, doit recevoir une rénumération proportionnelle à son travail, et puis les vices que vous signalez sont-ils dans la nature humaine ? Je ne le crois pas. Ces plaies morales ont la même source que la misère : elles sont le résultat d'une mauvaise éducation.

Si, par une bonne éducation, les ouvriers se sentaient responsables de tous leurs actes ; s'ils s'estimaient les égaux de qui que ce soit, ils craindraient de s'avilir ; si en outre, ils recevaient une instruction suffisante, ils emploieraient leurs loisirs à se procurer les jouissances de la pensée et ne seraient point ivrognes.

Il y aurait aussi beaucoup moins de paresseux, si, grâce à l'instruction professionnelle, on parvenait à donner à l'enfant le métier qui lui plaît le mieux et pour lequel il a le plus d'aptitude.

L'ouvrier, lorsqu'il est instruit, ne doit pas, par ce motif, cesser d'être ouvrier ; l'égalité réelle veut que tout citoyen puisse exprimer sa pensée par l'écriture ou par la parole, et soit, en tout cas, capable de discerner la vérité de l'erreur.

Qu'il y ait des occupations plus ou moins délicates, cela est nécessaire ; mais sur le terrain de la logique et du bon sens, le travailleur manuel doit pouvoir discuter avec un savant.

Il doit surtout pouvoir représenter ses concitoyens et faire valoir leurs droits si, l'en jugeant digne, ils lui en confient le mandat.

THÉNARD,
Graveur.

Le temps que nous passons ici-bas se divise en deux parts: l'une consacrée à l'apprentissage et l'autre à l'exercice de la vie ; la seconde est le revenu net de la première. Avant d'être homme, sachez être un infatigable apprenti ; on n'est presque jamais que ce que dans le jeune âge, on s'est appris à être. — RASPAIL.

LE CRÉDIT

L'axiòme monarchique : « diviser pour régner ; » doit faire place à l'axiòme républicain : « L'union fait la force. »

Solidarité, mutualité, fraternité, voilà trois mots dont tout bon républicain ne saurait enfreindre le sens, sans perdre son droit à la qualification qu'il croit pouvoir s'appliquer.

La liberté, autre principe républicain, n'existe pas pour celui qui est aux prises avec la nécessité ; l'indépendance exigeant un jugement sain, n'existe pas pour celui qui est absorbé par l'intérêt particulier lui faisant oublier l'intérêt général.

De ces idées, imparfaitement exposées, il résulte pour moi, que le bien-être fictif que nous a donné l'Empire doit être remplacé par un bien être plus réel que la République doit donner à tous. — Ce bien est, selon moi, facile à obtenir : C'est une réforme radicale du crédit, qui, mieux organisé, peut amener le bien-être général, en facilitant les moyens d'augmenter la consommation.

Augmentation de production, d'où résultera le travail, donnant un résultat satisfaisant au crédit accordé, et faisant retour pour, de nouveau faciliter le crédit.

A cette fin, j'ai conçu, l'idée de deux modes de crédit, accumulation, à 5 0/0, qui, moyennant dépôt à une banque nationale ou particulière, créera titre crédit en faveur du déposant, lequel titre aura pour échéance l'époque en rapport avec le dépôt, ainsi à 5 0/0 :

10 fr.	dépôt deviendrait	100 fr.	en	48 ans.
15	—	100		39
25	—	100		28
40	—	100		19
50	—	100		15
60	—	100		11
75	—	100		6

Il résulte de ce tableau que celui qui aurait un dépôt de 1000 fr. à 20 ans, 28 ans après, c'est-à-dire, à 48 ans aurait une somme de 4000 fr., produite par l'intérêt composé ; — celui qui, à 10 ans, aurait à son compte une somme de 1000 fr., à 58 ans, recevrait 10,000 fr. etc.

II.

CRÉDIT MUTUEL ET VIAGER

A tout emprunteur, âgé de 25 à 55 ans, offrant, comme garantie, activité, moralité, intelligence professionnelle, esprit d'ordre, pour un emprunt de 1000 fr. l'emprunteur *paierait chaque année :*

Age de l'Emprunteur	DURÉE DE L'EMPRUNT				
	30 ANS	25 ANS	20 ANS	15 ANS	10 ANS
25 ans	32 f. 50	47 f. 15	61 f. 80	81 f. 20	122 f. 30
35 ans	40	52 65	65 30	84 40	124 80
45 ans	52 30	62 35	72 80	90 10	129 10
55 ans	74 50	78 90	83 40	103	140

A échéance du contrat des emprunteurs, ils auront droit à leur part de remboursement proportionnel sur les profits du compte de liquidation.

Le décès de l'emprunteur créera échéance du contrat.

L'emprunt, base d'assurance, rendra trois fois le capital emprunté, et, contrairement à l'assurance sur la vie, l'emprunteur aura des bénéfices commerciaux, sans préjudice des bénéfices résultant du contrat.

———

Le crédit est utile à tous, c'est l'âme du commerce ; il vivifie l'industrie. Les banquiers qui échangent des valeurs manquent de garantie et multiplient les frais.

Le crédit mutuel viager échange des valeurs acceptées par le directeur gérant, crée la solidarité de tous les emprunteurs, limitée au contrat, terme et emprunt.

Dans un second article, je donnerai quelques explications complémentaires.

A. DELANEUFVILLE,
Comptable à Rouen.

———

La grande question du xixe siècle, que Gladstone a appelé le siècle des ouvriers, c'est l'affranchissement des travailleurs.

Dupont de Bussac.

L'ARMÉE ET LES JÉSUITES

On a beaucoup parlé des jésuites et de leurs intrigues, depuis quelques années ; nos écrivains humoristes et nos artistes nous ont souvent fait rire aux dépens des bons pères.

Le pinceau et la plume ont spirituellement fait la critique comique de ces ennemis du progrès et de la liberté.

Le ridicule aurait dû les tuer : il n'en est rien ; ils se croient toujours les maîtres de la position, et ils agissent comme s'ils avaient droit de nous commander.

En fait, ils ont encore dans beaucoup de cas, une très grande importance.

Je me rappelle avoir entendu nos chefs, lorsque j'étais sous-officier, chanter volontiers avec nous des airs patriotiques : cela n'est plus de mode.

L'élève caporal, qui veut obtenir les galons, chantera de préférence avec l'aumônier : « Sauvons Rome et la France au nom du Sacré-Cœur. »

Mais les révérends pères ne bornent pas leur ambition aux caporaux ; ils veulent aussi avoir les officiers et, s'ils ne les ont pas tous, on a vu par l'école de Saint-Cyr, qu'ils peuvent en avoir une partie ; si le mal qu'ils ont occasionné dans cette école se généralisait, nous aurions dans l'armée des officiers républicains qui obéiraient aux lois et à la Constitution française, et des officiers cléricaux qui recevraient de Rome leur mot d'ordre.

Jamais les bons frères et les bonnes sœurs n'ont été, en France, plus nombreux et plus en faveur ; et si, par hasard, une congréganiste est, pour quelque délit, condamnée à 25 francs d'amende, en changeant de nom elle peut aller ailleurs recommencer les mêmes faits sans rien perdre de sa considération.

Il est temps que tout cela change, et que la loi soit la même pour tous.

La République française, pour être vraiment démocratique, ne doit pas subir la pression d'une puissance occulte.

Ceux qui mettent le pape au-dessus de la République Française sont des ennemis de l'ordre établi ; le simple bon sens dit qu'il doivent être mis dans l'impossibilité de nuire ; ils doivent être rejetés de nos écoles nationales et de toutes nos administrations.

RICOIS.

employé de commerce.

Les personnes qui, par un grand pouvoir ou de grands talents, cherchent à répandre le goût du luxe, conspirent contre le bonheur des nations.

J.-B. Say.

LE CŒUR & L'ESTOMAC.

—

LE CŒUR.

J'admire l'idéal.

L'ESTOMAC.

Et moi le positif.

LE CŒUR.

Je suis rêveur, contemplatif ;
Dans les bosquets où règne un doux zéphire,
J'aime les fleurs.

L'ESTOMAC.

Je préfère les fruits.

LE CŒUR.

Vaguement, lorsque je soupire,
Je rêve au bonheur et j'aspire
Au silence des bois, dans le calme des nuits.

L'ESTOMAC.

Je recherche un bon lit, une molle couchette.

LE CŒUR.

J'admire le mouton bondissant sur l'herbette.

L'ESTOMAC.

Je les aime en gigot, en fine côtelette.

LE COEUR.

Que les peines d'autrui me causent de tourments !

L'ESTOMAC.

Épris du vague et des folles chimères.

Quand pour des maux, souvent imaginaires,
Tu pousses des hélas et des gémissements,
Je te trouve insensible à mes tiraillements....

. . . .

Interrompant le dialogue,
La tête ainsi parla en forme d'épilogue :
« Pour donner à leurs vœux un légitime essor,
« Le cœur et l'estomac doivent vivre d'accord. »

PIERRE LACHAMBAUDIE.

AVIS DU CONVENTIONNEL MARAT

SUR LA POSITION DES FEMMES DANS NOTRE SOCIÉTÉ

C'est une observation générale que les femmes sont
plus disposées à la tendresse que les hommes ; elles
sentent plutôt le besoin d'aimer et elles le sentent plus
vivement. À ce penchant de la nature, qui dans la société traînerait à sa suite de grands désordres s'il res-
tait sans frein, on tâche dès l'enfance d'opposer la

pudeur. Mais comme tout est contradictoire dans nos institutions politiques, les filles reçoivent toujours dans le monde une éducation opposée à celle qu'elle ont reçue dans la maison paternelle. Que ne faisons-nous pas pour leur faire oublier les leçons de la sagesse? A peine sont-elles en état de nous entendre que nous nous hâtons d'exercer leur imagination ; nous tournons toutes leurs pensées vers la volupté, et par mille agaceries nous cherchons à faire parler leurs sens. Leur jeune cœur s'ouvre-t-il à l'amour? trop souvent nous avons la lâcheté d'abuser de leur faiblesse ; ou si elles échappent à nos artifices, ce n'est que par la vigilance de leurs mères.

Le temps de former un doux lien est-il enfin venu ? l'homme à tout l'avantage ; il choisit ; la femme ne peut que refuser ; et combien de parents insensés sacrifient à l'ambition le bonheur de leur fille? Guidés par une aveugle tendresse, ils l'arrachent à un homme qu'elle estime et chérit, pour la contraindre de se donner à un homme qu'elle méprise et déteste. — Sont-ils unis ? forcée de renoncer désormais à l'objet de son cœur, elle devient incapable d'en aimer un autre, et ne voit plus pour elle qu'un malheureux avenir.

Plus heureuse que le grand nombre, a-t-elle échappé à la contrainte ? Son bonheur est d'assez courte durée ; aux caresses succède bientôt la froideur maritale ; au lieu d'un amant, elle a un maître qui s'arroge un empire tyrannique, néglige ses devoirs, rompt sa chaîne et ne se croit plus tenu à rien.

Instruite de ses infidélités, veut-elle se plaindre ? il n'écoute point ses reproches et fait tout pour ne pas voir couler ses larmes. Lassée de se plaindre en vain de l'inconstant qui lui manque de foi, si elle imite son exemple, il crie vengeance, et sévit sans pitié. Qui le croirait? loin de venir ou secours d'une faible opprimée, les lois se joignent à son cruel oppresseur, et pour une faute qu'il commet impunément, toujours, elle perd sa réputation, souvent la liberté, quelquefois la vie même. C'est ainsi qu'en tous lieux le législateur a exercé la plus horrible tyrannie contre le sexe qui a le plus besoin de protection.

Fallait-il qu'à tant d'outrages se joignit la barbarie du préjugé? A leurs pieds tant qu'elles paraissent ne rien sentir pour nous, nous les dédaignons dès qu'elles se sont montrées trop sensibles ; et à la honte éternelle de notre siècle, combien sont flétries pour les mêmes faiblesses, dont nous tirons vanité.

A côté du tableau d'une femme trompée, plaçons celui d'une fille séduite. Qu'à force de soins hypocrites, un homme touche le cœur d'une jeune personne, et qu'à force de faux serments il l'amène à se rendre, que de peines amères va bientôt lui coûter un moment de crédulité ! Elle en pleurera toute sa vie, et jamais ses larmes n'effaceront son déshonneur.

Sa faute paraît-elle à découvert ? le perfide l'abandonne : elle a beau s'attacher à lui, l'accuser de parjure, implorer sa pitié ; sourd à ses reproches il se rit de ses soupirs et insulte à ses larmes.

Réclame-t-elle contre cet indigne traitement ? C'est en vain qu'elle fait retentir les tribunaux de ses lamentations, les lois l'abandonnent. Que dis-je ! souvent elle la punissent de son infortune, tandis que le cruel qui en est l'auteur reste impuni.

Du moins si elle trouvait quelque ressource dans

la pitié publique ! Mais loin de prendre la défense d'une fille indignement séduite, le monde se plaît à en publier la fragilité ; et tandis qu'on la hue, le lâche qui l'a trompée n'aperçoit aucune différence dans l'accueil qu'on lui fait. S'il est riche, il continue à être fêté, et il n'en trouvera pas moins à séduire d'autres filles qui ont encore leur innocence.

Après avoir passé longtemps à pleurer sa faute, lui est-il enfin permis de rentrer dans le monde? Non, cette faible consolation lui est même refusée : on la fuit, et si elle est sans fortune, forcée de se cacher, souvent il ne lui reste pour vivre que de se vouer à la prostitution.

Son sort lui paraît insupportable ; qu'il est doux, néanmoins, comparé à celui qui l'attend! Malheureuse victime! bientôt, fuyant la lumière importune du jour, n'osant se montrer que de nuit, exposée aux injures du temps au coin des rues, harassée de fatigue, elle sera réduite, pour avoir du pain, à vendre les baisers de l'amour au premier venu, d'endurer ses dégoûtantes caresses, de souffrir ses mauvais propos, ses brutalités, ses outrages ; et, comme si ce n'était pas assez d'être la proie de cent libertins crapuleux, elle sera encore livrée aux tourments d'une affreuse maladie, aux horreurs de la pauvreté.

Mais il en est qui vivent dans les délices. — Pour une qu'on voit dans l'opulence, mille sont exposées à la plus affreuse misère, réléguées dans d'horribles réduits, couchées sur des grabats et en proie au besoin.

A la vue de tant de piéges tendus sous les pieds de la jeunesse, de tant d'appâts offerts à l'innocence, de tant de violences faites à la faiblesse, quelle âme juste n'excuserait les fautes d'un sexe fragile que nous avons assujetti aux plus rudes devoirs? Et à la vue du sort affreux de tant de victimes de notre perfidie, quelle âme sensible ne serait touchée de pitié?

J. Marat.

Par cet extrait des œuvres de Marat, on voit que l'ami du peuple ne mérite pas la réputation que lui ont faite ses ennemis.

DEUX RÉCLAMES BOURGEOISES

—

Il y a quelques années, M. Paul Parfait a eu l'excellente pensée de lancer dans le public une brochure intitulée : *Arsenal de la Dévotion*, ouvrage fort curieux; véritable portrait du cléricalisme peint par les cléricaux. Il a, de cette façon, mis à nu le personnage dans tout son ridicule, et montré la faiblesse de la doctrine jésuitique en signalant l'absurdité des moyens pratiques prescrits pour son application.

Ce système est bon; aussi, vais-je en faire usage, non pas contre les cléricaux, mais contre les bourgeois, gens moins pieux, moins attachés aux vérités éternelles et aspirant peu après les biens de la vie future, mais en échange aussi attachés aux biens terrestres, ayant une soif aussi ardente des richesses de ce monde que qui que ce soit, voire même que tous les juifs, tous les pontifes, tous les usuriers et toutes les congrégations dévotes de l'univers... Et ce n'est pas peu dire.

Quand nous prétendons, nous autres socialistes, que dans l'organisation, ou plutôt que dans la désorganisation économique actuelle le capital exploite le travail et que, conséquemment, notre société est un composé de capitalistes exploiteurs et de travailleurs exploités, nos bons bourgeois protestent et s'écrient : « Non, il n'y a ni exploiteurs ni exploités; nous sommes tous des citoyens libres, nous prêtant un mutuel concours dans les divers phénomènes de la production et de l'échange; et les rapports qui s'établissent entre nous sont réglés par la loi de l'offre et de la demande, loi naturelle, loi suprême, à laquelle personne ne peut se soustraire et qui détermine ce qui revient à chacun avec la plus impartiale équité. » — Pardon, bourgeois, mes bons amis, pardon! Vous avez la parole facile, cela est incontestable; pourtant, ici, je ne partage pas votre manière de voir et je tiens à vous réfuter. Or, précisément, et parce que vous parlez avec tant de facilité, je vous répondrai en empruntant votre propre langage : c'est-à-dire que vous allez vous infliger un démenti à vous-mêmes.

Il y a quelques jours, je passais sur le boulevard Saint-Jean, à B***, quand sur un mur voisin de l'usine de MM. T*** frères et Cie, une affiche bleu clair attira mon attention; voici en substance ce qu'elle contenait :

SOCIÉTÉ ANONYME

DES

GISEMENTS D'OR DE SAINT-ÉLIE

(GUYANE FRANÇAISE)

PLACER VITALO

Capital : **4,000,000** de francs

Divisés en 8,000 actions de 500 francs entièrement libérées conformément aux statuts, en date du 23 mars 1878.

Siége social : à PARIS, rue de la Chaussée-d'Antin, 55

BÉNÉFICE NET DU PLACER SAINT-ÉLIE

Avec une moyenne de 57 travailleurs seulement

Depuis le **1er** octobre **1873** jusqu'au **31** décembre **1877**

Soit en 4 années et 3 mois

Somme officiellement constatée : **4,222,506** francs

Soit en moyenne

UN BÉNÉFICE NET D'UN MILLION PAR AN

La Société nouvelle doit compter sur des résultats plus considérables encore, puisqu'elle s'est assurée, PAR CONTRAT, L'EFFECTIF DE 150 TRAVAILLEURS, *ce qui lui permettra d'augmenter la production du Placer, d'améliorer les moyens d'exploitation et de l'étendre dans les parties inconnues de ses concessions.*

Un million par an!!!... Ainsi, la Société susdite a extrait, en 4 ans, avec 57 travailleurs seulement *(somme officiellement constatée)* pour 4,222,506 francs d'or; sur laquelle somme les actionnaires ont réalisé un bénéfice net de un million par an, soit de 4 millions pour les 4 années; les 222,506 francs restant ont donc été employés à la solde des ouvriers et autres frais généraux : outillage, machines, voitures, animaux servant à l'exploitation; c'est-à-dire que les 57 travailleurs ont, en 4 années, gagné au plus 200,000 francs, soit pour chacun d'eux moins de 1,000 francs par an, et cela en peinant beaucoup, très-certainement, tandis que les actionnaires ont, dans le même temps, gagné 4 millions, et cela en ronflant.

Quelle belle chose que la loi de l'offre et de la demande! N'est-il pas vrai qu'elle règle les comptes avec équité? Et dire qu'il y a sur terre des gens, s'appelant socialistes, qui osent insinuer que le capital exploite le travail!... Quelle calomnie !

Ces mêmes socialistes prétendent encore que les bourgeois manquent de cœur, qu'ils regardent les travailleurs, non comme des êtres humains, mais comme de véritables machines, comme des instruments de rapport qu'ils assimilent aux autres machines ou outils employés dans l'industrie.

Comme bien vous pensez, ceci est une nouvelle imposture. Tenez, en voici la preuve : ces jours derniers, on m'a montré une réclame d'où j'extrais les lignes suivantes :

MONSIEUR,

La Corporation des Maîtres Boulangers de B*** a l'honneur de vous informer qu'elle vient de fonder un BUREAU DE PLACEMENT POUR LES OUVRIERS BOULANGERS.

Ce Bureau, qui est tenu par M. G***, est situé grande rue.....

M. G*** a joint à son Bureau un dépôt de Levures de bière et de grain de première qualité et à des prix modérés.

Nous vous engageons vivement à vous adresser chez lui plutôt que partout ailleurs.

Vous y trouverez également des Rouables, ainsi qu'un assortiment de Bannetons et de Pelles, etc. . . . .

M. G*** se charge également de la fourniture de Pavés à four, etc.

Nous espérons, Monsieur, que vous voudrez bien vous adresser chez M. G*** chaque fois que vous aurez besoin SOIT DE GARÇONS, SOIT DE LEVURE, SOIT EN GÉNÉRAL DE TOUT ARTICLE DE BOULANGERIE.

Recevez, etc.

Signé : CINQ MAITRES BOULANGERS DE B***.

Et moi j'espère que tous les boulangers des cinq parties du monde voudront bien s'adresser chez le monsieur sus-indiqué, qu'ils aient besoin de levures de bière ou de grain, de rouables, de bannetons, de pelles, de pavés à four, de *garçons boulangers* OU DE TOUT AUTRE ARTICLE DE BOULANGERIE; la réclame dit, d'ailleurs, que toutes ces marchandises sont de première qualité et à des prix modérés; et le « *tout article de boulangerie* » indique que ce monsieur a une boutique bien montée..... on y voit depuis des pelles et des pavés à four jusqu'à des garçons boulangers.

Allez donc prétendre encore, socialistes menteurs, que les capitalistes bourgeois assimilent les ouvriers aux machines et aux outils ! — Le rédacteur de ma deuxième réclame doit être un homme franc; il a le langage ouvert (peut-être un peu naïf); il montre sa pensée sans équivoque; et vous voyez qu'il a pour les ouvriers boulangers une considération des plus distinguées; il ne voudrait jamais tenir un propos qui pût humilier ces derniers..... au contraire.

Aussi, des deux documents qui précèdent, je conclus :

1° Que le capital n'exploite pas le travail;

2° Que le capitaliste ne considère pas l'ouvrier comme une machine.

Et vous, ami lecteur, qu'en concluez-vous ?

LEBESGUE,

Typographe à Beauvais.

A MÉDITER

—

La Vérité, la Liberté et la Vertu, trois choses pour lesquelles on doit aimer la vie.

*
* *

Plus on cherche la Vérité, plus on aime la Liberté.

*
* *

Qu'est-ce en effet que d'être libre ? c'est raisonner juste.

*
* *

Plus nous serons des êtres raisonnables, plus nous serons des êtres libres.

*
* *

La même force d'esprit qui nous conduit au vrai nous rend bon citoyen.

*
* *

Les nations les plus esclaves sont toujours celles qui ont été le plus dépourvues de lumières.

* *

On n'a jamais fait croire des sottises aux hommes que pour les soumettre.

* *

Chacun de nous veut être le maître de tous, chacun de nous cherche son intérêt, chacun de nous travaille pour soi : cherchons d'abord la Justice.

* *

Ne vaut-il pas mieux enlacer les élèves avec des chaînes de fleurs, que de les attacher avec des chaînes de fer.

Cн. Verneuil,
Typographe.

UNE RÉFORME NÉCESSAIRE

—

LE JURY

Dans les sociétés modernes, le jury constitue pour les citoyens une garantie des plus précieuses contre les abus, les rancunes, les caprices d'un pouvoir trop souvent enclin à l'arbitraire. Aussi, il n'est pas un ami des libertés publiques qui songe à demander qu'on supprime une institution si utile ; mais, ce que beaucoup réclament, avec raison, c'est une réforme devenue indispensable dans le mode de recrutement des jurés.

On sait qu'une certaine partie de la nation, celle qui s'intitule : *classe dirigeante*, jouit, de nos jours encore, du privilége exclusif de fournir les membres de ces assemblées judiciaires. Les classes ouvrières des villes et des campagnes n'y ont aucun représentant. Pourquoi cette exclusion ? Quelle raison spécieuse peut-on alléguer pour justifier une prérogative contraire aux principes d'égalité républicaine ?

Nos prétentieux bourgeois osent invoquer l'incapacité des classes laborieuses que l'ignorance, disent-ils, rend incompétentes en matière de juridiction. Ce reproche d'incapacité jeté aux prolétaires par de grotesques personnages ne mérite d'être accueilli par ceux qui en sont l'objet qu'avec le plus profond mépris.

Constatons que nos vaniteux bourgeois poussent la fatuité jusqu'à se considérer, tous, comme des gens d'esprit. C'est là, certes, une prétention qui prêterait à rire si elle n'avait, pour le peuple, des conséquences fâcheuses. Sans doute, parmi les bourgeois, il en est qui sont très-heureusement doués sous le rapport des facultés intellectuelles, mais ceux-ci sont rares, et en général ils professent ouvertement un dédain bien significatif pour ceux que le sort a faits leurs égaux par la fortune ou par la naissance.

Nous ne chercherons pas à désillusionner ces derniers sur le degré de valeur morale qu'ils s'attribuent avec trop peu de modestie ; mais nous protestons énergiquement lorsque ces types prud'hommesques prétendent qu'un ouvrier intelligent n'est pas aussi capable qu'eux-mêmes de juger une cause, d'en saisir tous les détails, de prononcer un arrêt. Sans doute, les prolétaires n'ont pas reçu, pour la plupart, une instruction supérieure, mais la majorité possède des aptitudes naturelles qui suppléent, avantageusement, à l'absence de ce fatras de connaissances dont on a farci, sur

les bancs des colléges, les étroites cervelles des bourgeois adolescents.

Souvent, dans les jurys comme dans nos assemblées
parlementaires, on voit siéger des individus qui n'ont
d'autre recommandation à cette prérogative qu'un titre
nominal plus ou moins ridicule, ou qu'une aisance plus
ou moins honorablement acquise. Qu'en résulte-t-il ?
Que dans un grand nombre de cas ces tristes personnages se prononcent contre ou pour telle conclusion
sans avoir pu comprendre l'importance, quelquefois la
nature même de l'affaire qui leur est soumise. C'est
ainsi que, dans la même audience, les mêmes jurés in-
fligeront une peine plus forte à un malheureux prévenu
de vol, qu'à une misérable brute coupable d'attentats à
la pudeur sur des enfants (voir les comptes-rendus des
assises).

En présence de ces faits qui se renouvellent jour-
nellement en province et qui jettent sur les ministres at-
titrés de Thémis une déconsidération bien légitime, ne
serait-il pas urgent de modifier un mode de recrutement qui produit des jurés capables d'énormités aussi
flagrantes ?

Nous pensons que le meilleur moyen de mettre fin
à ce déplorable état de choses serait la nomination,
par le suffrage universel, dans chaque arrondissement,
en nombre proportionnel à celui des électeurs, de jurés
élus pour une période de trois ou quatre ans et choisis
parmi les plus capables et les plus dignes, sans distinction de fortune ou de position sociale. Les listes des candidats seraient dressées dans des réunions préparatoires
faites au début de la période électorale. Une indemnité
suffisante, portée au budget des dépenses de chaque

arrondissement, serait allouée aux citoyens élus, pour les couvrir des frais de toutes sortes qu'entraînerait pour eux leur présence aux sessions.

Avec ce système, le prolétariat se trouverait représenté dans un certain nombre de nos jurys, et en tout cas on y verrait, moins souvent, siéger d'ineptes bourgeois indignes de cette mission sacrée.

Syffert (Émile),
A Cherbourg (Manche).

La question d'organisation judiciaire se rattache directement à l'institution fondamentale du Jury. Le Jury, voilà la question supérieure à laquelle tout doit aboutir quand on parle de justice criminelle.

Gustave Jourdan.

DU TRAVAIL DES ENFANTS

Il est une réforme sociale qui, après avoir été soumise très-souvent à la discussion, semble être oubliée aujourd'hui : c'est l'abolition du travail des enfants dont les facultés physiques, intellectuelles et morales ne sont pas assez développées.

Nous n'avons plus à nous en occuper, me dira-t-on. Nos législateurs y ont satisfait par la loi du 19 mai 1874.

Erreur !

Cette loi est un semblant de réglementation du travail des enfants, mais non une protection. La loi est annulée presque entièrement par ses exceptions; et d'ailleurs rien n'est changé à leur condition, si ce n'est l'obligation de l'école.

Ce que nous demandons nous, c'est l'interdiction complète du travail pour ces enfants.

Malheureusement, nos représentants sont la plupart les administrateurs et actionnaires des sociétés houillières et industrielles; comment pourraient-ils faire droit à notre réclamation ? Ne nous faisons donc point illusion; il sera difficile d'obtenir justice sur ce point comme sur beaucoup d'autres.

Ce ne sont pas eux, il est vrai, qui demandent à à occuper les enfants, mais bien les parents qui en ressentent la fatale nécessité. Or, pour interdire le travail aux enfants, il faut assurer le nécessaire à la famille.

Le père ne pouvant suffire seul aux besoins de la famille, sa première préoccupation, lorsqu'il a un enfant un peu grandi, est de s'enquérir pour le placer dans une fabrique afin d'augmenter ses ressources pour élever ses plus jeunes.

En interdisant aux enfants l'entrée de l'atelier, le père n'est-il pas en droit de demander ce qu'on prétend qu'il devienne, son salaire étant insuffisant pour donner du pain à ceux qui sont à la maison : donc nécessité urgente d'organiser le travail.

Il y a, je le répète, des hommes intéressés à ce que cela se perpétue : ce sont les manufacturiers, les patrons, les administrateurs d'établissements industriels et de compagnies d'exploitation, en un mot tous ceux qui trafiquent de cette affreuse iniquité. Que leur importe à ces satisfaits, vivant bien des produits prolétaires, si les enfants occupés dans leurs établissements meurent avant d'avoir vécu par suite d'un travail prématuré. Rien, absolument rien : n'en trouveront-ils pas d'autres pour les remplacer.

Les enfants sont malheureusement livrés à la cupidité, qui ne voit en eux non des hommes à former, de futurs citoyens, mais des instruments, des machines vivantes; ils sont en un mot la chair à canon de l'industrialisme moderne.

C'est pour l'homme de cœur un sujet continuel d'indignation que l'idée de jeunes enfants traités d'une façon si peu conforme aux progrès de la civilisation moderne, qui pourtant et avec raison, protége les animaux contre les brutalités des méchants.

Dans les manufactures, voyez ces jeunes enfants : du matin au soir ils pataugent dans l'eau, ils respirent des vapeurs qui les empoisonnent. Faut-il s'étonner ensuite qu'ils aient la figure pâle, cadavérique, les yeux ternes; qu'ils ne semblent plus avoir qu'un souffle de vie ? Ainsi les hommes détruisent ou laissent détruire ce qu'ils ont créé.

Ah ! plaignons ceux qui y sont poussés par la plus dure des nécessités : *la famille n'a pas assez de pain.*

Qu'on consulte des médecins et des physiologistes et ils diront : « Ce ne sont plus des hommes qu'on fait; on crée une race décrépite, rabougrie, cassée, sans vigueur, par conséquent sans pensée : la statue de l'énervement physique et intellectuel. »

Plaignons ces pauvres enfants qui se livrent, inconscients, au Saturne moderne, ce monstre à figure humaine.

Honte et malédiction aux coupables !

Une aussi déplorable situation mérite, sans contredit, qu'on s'efforce de détruire un mal qui finirait par tuer l'humanité.

J. PETIT,
Modeleur à Lens.

Quel tableau lamentable pourrait tracer celui qui pénètrerait dans les ateliers où se confectionne l'article Paris ! C'est là que fourmillent et que travaillent comme des blancs, c'est-à-dire chacun comme deux nègres, une foule d'adolescents des deux sexes, que, par abus du mot, on appelle apprentis, et qu'il serait beaucoup plus juste d'appeler enfants de peine !

A. CORBON.

HONORONS NOS AIEUX

—

Las de voir pencher la balance
Sous le poids des iniquités ;
Las de misère et de souffrance,
Nos aïeux se sont révoltés !
Ecrasant d'une main terrible
L'hydre qui tenait le pouvoir,
Au monde entier ils ont fait voir
Que le bon droit est invincible.

De leurs vertus suivons la trace.
Comme eux, oui, nous serions guerriers,
Si l'ennemi venait en face.
Encore attaquer nos foyers.
Mais assez de combats sur terre !
Que la douce paix et l'amour
Remplacent le bruit du tambour
Et les désastres de la guerre.

Quand le bon paysan moissonne,
C'est qu'il a creusé ses sillons.
Rien sans travail... Mais on s'étonne
De voir s'engraisser des frelons !
Laissons-les combler la mesure
Et tous ces frelons-là, plus tard,
Au travail devront prendre part
Ou... n'être plus dans la nature.

Le Progrès, chassant l'Ignorance,
Nous éclaire de son flambeau...
De l'occulte et noire puissance
Chaque instant arrache un lambeau !
Le jour où la libre-pensée
Pénètrera dans notre cœur,
Comme un Fétiche sans valeur,
L'idole tombera brisée...

Débarrassés du fanatique
Et de l'imposteur éhonté,
Nous aurons, dans la République,
La justice et l'égalité.
Déjà notre main fraternelle

S'offre à qui n'est que chancelant...
La République, assurément,
N'est ni méchante ni cruelle.

Notre mère n'est pas marâtre,
Pour nous, elle entr'ouvre son flanc,
Si l'un est noir, blanc ou mulâtre,
De même couleur est son sang !
Et pourtant des mains inhumaines
Tiennent ses enfants dans les fers.
Pour rendre libre l'univers,
« De l'esclave brisons les chaînes. »

Plaçons au temple de mémoire
Les amis de l'humanité.
Aux savants : profit, honneur, gloire !
Au génie... : immortalité !
Honorons le travail utile,
Aidons nos frères malheureux ;
Dans le nouveau monde et le vieux
Ne formons plus qu'une famille.

Le Cann,
Tapissier.

LES PLAIES SOCIALES

REMÈDES

I

Je n'ai pas la prétention de connaître tous les remèdes capables de guérir les maux de notre société ; je

ne suis ni assez savant ni assez puissant pour opérer la transformation sociale que je désire.

Mais il est bon de parler des améliorations nécessaires ; il est utile de traiter les questions de réformes ; il est avantageux de les examiner en tous sens.

C'est pourquoi je crois que les *Cahiers du Prolétariat* seront une des publications les plus sérieuses, une des œuvres les plus profitables de notre époque.

Que des prolétaires de toutes les provinces de France nous adressent leurs réflexions sur les réformes sociales, et notre livre aura une importance considérable.

J'ai dit, en commençant, qu'il s'agit de trouver des remèdes pour guérir les maux sociaux ; indiquons donc, les uns et les autres des moyens pratiques pour diminuer le mal, si nous ne pouvons le détruire entièrement.

J'ai écrit ailleurs : « dix mille personnes, mettant en commun 25 centimes par jour, pendant 400 jours, feront un capital de *un million de francs.* »

Je m'attache à ce chiffre de *un million de francs*, qui va me servir aujourd'hui à indiquer ce que l'on pourrait faire avec cette somme. — Je ne donne pas comme miennes les deux applications qui vont suivre ; je n'en suis que le propagateur.

I — Réunissons dix mille ouvriers comprenant bien la solidarité, par le moyen que je viens d'indiquer ; qu'ils fassent un capital d'un million de francs, et qu'ils choisissent l'industrie qui se prêtera le mieux à la réussite du résultat qu'ils se proposeront d'atteindre.

Ayant un capital suffisant et des hommes déterminés, intéressés à réunir les exploitations parasites, il est certain que l'entreprise réussira et que cette industrie sera affranchie.

Et, il est probable que cet exemple une fois donné, toutes les autres corporations voudront affranchir de la même manière leur profession; car nous sommes en général comme les moutons de Panurge : Nous avons besoin d'être entraînés par les audacieux.

ɪɪ — Autre application. Si dix mille citoyens de Paris et des départements formaient, par ce même moyen ou à peu près, un capital de *un million de francs*, pour créer auprès de Paris un entrepôt de marchandises diverses, d'un usage vulgaire pour les besoins généraux du prolétariat.

Si ces marchandises de très-bonnes qualités allaient directement du producteur au consommateur, de manière à faire profiter les associés de tous les avantages de l'entreprise. Il est certain que cette combinaison, bien pratiquée, les ventes toujours faites au comptant, produirait annuellement un mouvement d'affaires de *plusieurs centaines de millions de francs*, au grand avantage des producteurs et des consommateurs.

Ces applications sont-elles pratiques? Très-certainement. Sont-elles praticables aujourd'hui? Peut-être non. — Nous les indiquons pour faire sentir à nos amis l'importance et la nécessité de la solidarité. L'union se fera par nos cahiers ; elle rendra possibles beaucoup de choses qui nous semblent maintenant irréalisables.

II

La guérison des plaies sociales doit être la principale préoccupation des esprits généreux et tous les membres de la grande famille humaine doivent s'entr'-aider.

La satisfaction des intérêts égoïstes ne peut donner que des résultats injustes, parce que les avantages obtenus par quelques-uns sont préjudiciables à beaucoup d'autres.

Il faut, dans une société bien ordonnée, que tous les citoyens se proposent le bonheur commun, dont ils ont naturellement leur part. C'est ainsi que la prospérité publique se confondra, par la justice, avec la prospérité individuelle.

Pour mettre en pratique ces principes généraux de solidarité, les hommes de progrès n'indiquent pas tous les mêmes moyens d'action. Pour ce qui est de la propriété foncière, par exemple, nous avons les partisans de la propriété collective et les partisans de la propriété personnelle.

Je suis pour la propriété individuelle, parce que je la crois favorable au progrès et à la liberté des citoyens.

La propriété collective m'apparaît comme une oppression de tous sur chacun, et comme devant engourdir l'activité de l'homme en diminuant sa valeur intellectuelle et morale.

Mais si je me prononce contre la propriété foncière collective, il n'en est pas ainsi, quant aux outils nécessaires à l'exploitation de l'agriculture et de l'industrie.

Il me semble que tous les efforts des prolétaires doivent tendre à mettre aux mains des ouvriers des villes et des champs, par l'association, les instruments les plus perfectionnés, afin que les travailleurs retirent de leurs travaux tous les avantages auxquels ils ont droit.

La solidarité, quand elle sera bien comprise et pratiquée, produira les améliorations suivantes :

L'éducation civique sanctifiera la famille par les vertus sociales et donnera à l'homme, à son caractère plus de virilité.

Les communes, non pas propriétaires, mais émancipées par de sages institutions démocratiques, formeront de petites républiques se gouvernant elles-mêmes.

Le travail, mieux rétribué et régularisé, sera assuré à chacun.

Des institutions de prévoyance, pour soulager les maladies et assurer du repos à la vieillesse, ne laisseront plus pénétrer la misère chez le citoyen dont la vie aura été digne.

L'affranchissement de la femme en fera la conseillère du foyer et l'institutrice de la première enfance.

Ce sont là, selon moi, chers concitoyens, quelques-unes des réformes à opérer pour détruire le mal de misère qui ronge notre société moderne.

Eugène Chevallier.

Le pacte social doit avoir pour objet de satisfaire les besoins que chaque homme a, de posséder, de s'associer dans la vue de son bien-être, sans empêcher aucun membre de la race humaine d'user des mêmes facultés dans la même étendue : But final, égalité sociale.

Voyer d'Argenson.

LA FEMME DANS LA SOCIÉTÉ

Les réformateurs prennent en sérieuse considération les droits que la femme peut, en toute justice, revendiquer dans un ordre social moins imparfait que celui qui nous régit; et certains peuples sont, sous ce rapport, bien plus avancés que le France.

Le divorce, la recherche de la paternité sont légalement permis dans plusieurs états d'Europe et d'Amérique. La police des mœurs, si extraordinairement pratiquée en France, est ailleurs plus convenablement réglementée.

Nous espérons que, grâce à l'honorable Mme Butlher, à M. Yves Guyot, et autres réformateurs, on ne verra plus des femmes honorables insultées par la police. Les scènes dont Mlle Rousseil, notre sympathique tragédienne, a été victime, ne se renouvelleront plus.

Nos législateurs mettront des bornes à l'arbitraire. L'événement de Lyon, l'histoire de cette pauvre fille qui s'est jetée dans le Rhône pour se soustraire aux brutalités des agents des mœurs, devra hâter les réformes législatives sur ce point comme sur beaucoup d'autres, relativement aux injustices dont la femme est l'objet dans notre pays.

Plusieurs grands philosophes philanthropes ont écrit des pages sublimes en faveur de la femme ; d'autres ont ridiculisé les revendications les plus rationnelles faites en sa faveur. Il faut aujourd'hui lui donner dans la société la place qu'elle a droit d'y occuper dans l'intérêt de la chose publique.

Les hommes de 89 n'ont pas assez fait pour élever

la femme ; s'ils l'avaient initiée à la cause de la liberté, Bonaparte n'aurait pas pu tuer la République.

Aux États-Unis, les universités sont aussi bien ouvertes pour les jeunes filles que pour les jeunes hommes ; ils étudient ensemble, et les relations, qui datent de l'école, forment des unions naturelles, harmoniques et charmantes qui sont bien supérieures à ces honteux mariages d'argent si communs en France.

A quoi sert la vie, si elle n'est pour travailler, progresser, aimer ? Les mariages d'argent ressemblent à la prostitution : ils dégradent ; l'amour, au contraire, ennoblit la créature.

L'Empire a fait perdre à la France ses habitudes de galanterie chevaleresque qui portait les hommes à respecter les femmes. La jeunesse actuelle veut des femmes échevelées ; ils n'ont plus d'égards ni pour des amantes dignes, ni pour leurs femmes, ni pour leurs mères.

Cette décadence de l'amour se fait sentir naturellement sur l'art : c'est la femme qui inspire les artistes, et tout ce qui s'est fait grand, s'est fait par son inspiration. Les poëtes, les peintres, les musiciens, les sculpteurs doivent à l'amour, doivent à la femme leurs plus belles productions.

Aujourd'hui que le sentiment est très-affaibli, on ne crée plus, on copie sans génie, et de honteuses passions éteignent les plus belles inspirations, annulent les plus beaux talents.

Remédions à cet état de choses, rallumons le flambeau de la civilisation aux sources pures de la fraternité humaine, et les arts, démocratisés, brilleront pour tous en faisant disparaître nos souillures.

Par l'union de l'homme et de la femme, on obtiendra promptement une transformation complète dans nos mœurs.

Cultivons l'esprit de la femme ; sa grâce et sa bonté naturelles adouciront l'homme et le rendront meilleur et plus heureux.

La femme est à la terre ce que les étoiles sont au firmament : les étoiles servent aux marins perdus sur l'Océan à retrouver le port ; la femme guidera l'homme pour lui faire retrouver la route du bonheur.

La femme enfante l'homme ; elle doit faire plus : elle doit former le citoyen ; elle doit le suivre et le soutenir dans la vie. L'union de l'homme et de la femme est une union sainte qu'il ne faut pas profaner.

La femme institutrice apprendra l'amour. Les hommes d'esprit sont nombreux à notre époque ; les hommes de cœur sont très-rares. Confions donc aux femmes, émancipées par la raison, la nouvelle génération, et la fraternité rapprochera bientôt tous les hommes de notre nation, et plus tard l'union fraternelle de tous les peuples en sera la conséquence.

Mme ÉMILE SAINT-HILAIRE,
Artiste.

Ce sont avant tout des conditions morales qui doivent régler les mariages. Spéculer dans une affaire aussi grave, est un calcul odieux.

Dr BURGGRÆVE.

L'ÉDUCATION DES ENFANTS

Il n'y a pas de femme qui ne sache comment élever son enfant; toutes elles ont un cœur qui leur enseigne la manière de s'y prendre.

Mais beaucoup de mères, tant dévouées soient-elles, quelque grand que soit leur amour pour ce cher objet de leur tendresse, beaucoup dis-je, n'apprécient pas exactement l'importance de l'instruction.

Car, combien voit-on de parents préférer l'instruction des jésuites à l'instruction laïque, et cependant il n'y a pas d'enseignement plus nuisible à la société que celui des congréganistes.

Ces robes noires mettent dans la tête de leurs élèves des erreurs à la place de la vérité, et dans leur cœur la haine au lieu de l'amour fraternel.

Il est temps d'apporter un remède au mal. Envoyez vos enfants dans les écoles laïques, où des dames dévouées emploient leur zèle et leur patience à votre service pour enseigner à vos filles la pratique de la fraternité.

Dans nos écoles laïques, on laisse parler librement la conscience, qui dit à chacun de nous : « Faites aux autres ce que vous voudriez que l'on vous fît; » la conscience qui nous fait rougir de nos fautes et nous corrige de nos imperfections.

Dans ces écoles, vos filles apprendront la science nécessaire pour tenir dignement leur place dans notre société démocratique.

Et vos fils, dans les écoles laïques, seront formés

pour devenir des hommes instruits, distingués et sages, capables de servir la République dans l'intérêt de tous, conformément aux règles de la justice.

Les femmes, ainsi formées, deviendront de bonnes mères de famille ; elles guideront leurs enfants dans le chemin de la raison et de la vérité, et les hommes seront des citoyens vertueux, toujours prêts à défendre le droit et la liberté envers et contre tous.

Alors la République, ce gouvernement indispensable au bonheur de la France, nous donnera ses fruits les plus précieux : la paix sociale et le bien-être par le travail.

MARIA LEROY,
Giletière à Angers.

Lorsque l'enfant paraît, le cercle de famille
Applaudit à grands cris. Son doux regard qui brille
    Fait briller tous les yeux,
Et les plus tristes fronts, les plus souillés peut-être,
Se dérident soudain à voir l'enfant paraître
    Innocent et joyeux.

VICTOR HUGO.

Saint-Rémy-sur-Durolle, le   septembre 1878.

Dans notre bourg, nous ne sommes pas indifférents aux questions sociales qui se débattent aujourd'hui à côté de la politique officielle ou officieuse.

Les questions sociales nous intéressent au moins autant que les questions politiques. Nous voulons avant tout la République, mais nous en voulons surtout les conséquences que nous formulons ainsi :

1° Suppression du budget des cultes ;

2° Instruction gratuite, laïque et obligatoire au 1er degré ;

3° Abolition des impôts existants et leur remplacement par un impôt unique et progressif sur le revenu ;

4° Une loi sévère contre les faillis qui ne pourraient pas se justifier entièrement ;

5° Une loi spéciale pour réprimer l'abus du rapprochement des sexes ;

6° Maisons de surveillance pour recevoir les femmes adultères et les filles de mauvaise vie dans l'intérêt de la morale publique ;

7° Création d'une école professionnelle dans chaque chef-lieu de canton ;

8° Loi pour régulariser les pensions de retraite ;

9° Augmentation de tous les fonctionnaires recevant 1,800 fr. et au-dessous ;

10° Diminution de 25 pour cent de tout traitement au-dessus de 4,000 francs ;

11° Création, dans chaque commune, d'une bibliothèque populaire pour développer l'éducation civique et l'instruction démocratique ;

12° République universelle ;

13° Une loi sévère contre les ambitieux qui tenteraient de renverser la République ;

14° République française fédérative ; autonomie de la commune ;

15° Magistrature élective et renouvelable de trois en trois ans.

GILBERT,

Fabricant de Chaussures
à St-Rémy-sur-Durolles (Puy-de-Dôme).

Les travailleurs sont les pionniers de l'avenir : Soyons unis, aidons-nous ; tous pour chacun et chacun pour tous.

E. CHASSAING.

OU ALLONS NOUS ?

Nous sommes le premier peuple du monde pour les revendications du droit. Nul n'a lutté autant pour la liberté. Il est indéniable que notre sang a été répandu à flots pour des peuples qui, aujourd'hui, jouissent beaucoup plus largement que nous, des fruits de nos luttes incessantes.

Seul, entre tous les peuples, le peuple français a la gloire d'avoir fait éclore, d'avoir proclamé toutes les libertés, et la honte de n'en jouir d'aucune à titre de peuple majeur. J'entends ici parler du peuple des travailleurs.

Notre oublieuse et égoïste aristocratie bourgeoise étant au pinacle et jouissant de toutes les libertés, qui lui sont avantageuses, au détriment de la masse des prolétaires, laquelle en est absolument privée.

En effet, chez nous, plus les travailleurs aspirent après la liberté, plus les dirigeants ont à cœur de leur forger de nouvelles chaînes (1).

D'autre part, plus le salaire de ceux-là devient in-

(1) Projet Lockroy sur les syndicats.

suffisant, et plus ceux-ci en prennent à leur aise pour faire supporter au déshérités tous le poids des charges qui les écrase.

Comme le flot à la marée montante, la féodalité industrielle monopolisante gagne chaque jour du terrain et roule avec elle la ruine et le désespoir sur les petits industriels, qu'elle absorbe et que, pour ainsi dire, elle engloutit et dévore.

Ses séides sèment la division et la haine au milieu de nous, et pendant que nous sommes divisés par eux, elle continue son œuvre d'absorption et continuera ainsi, si nous n'y prenons garde, jusqu'au jour où il n'y aura plus en France que *des princes marchands et des salariés esclaves*, jouissant, disons-le, de la plus large liberté... de mourir de faim et de misère.

En sera-t-il vraiment ainsi ?

Persévérera-t-on à susciter parmi nous ces querelles byzantines qui nous paralysent ?

Ferons-nous donc toujours les affaires de nos adversaires en laissant diviser et subdiviser la démocratie au point de plonger nos monopolocrates dans la plus égoïste des jubilations.

Ne perdons pas de vue que ces messieurs voient déjà avec une casi certitude l'heure psychologique qui, pour les salariés, sera celle de l'esclavage définitif et aussi celle de la chute du dernier des petits industriels qui, aujourd'hui encore, essayent de leur faire concurrence.

Ils savent, j'insiste sur ce point, que si nous n'y mettons bon ordre par l'union de tous les éléments de la vraie démocratie, ils savent, dis-je, dans combien d'années la France ne sera plus qu'une nation d'ilotes du monopole, et de misérables ayant mérité, par leur ignorance et leur aveuglement, le degré d'abjection dans lequel ils seront tombés par leur faute.

A bons entendeurs, salut.

EDMOND RATTIER,
Ancien Sergent au 48ᵐᵉ de Ligne
et Représentant du peuple en 1849.

RÉFORMONS NOS MŒURS

Pour que le socialisme, autrement *l'égalité des conditions par le travail,* s'établisse un jour, il nous faut tous dépouiller les haillons monarchiques.

Réformons donc nos mœurs ! c'est le point culminant ; elles sont monarchiques, voilà pourquoi la démocratie a tant de peine à percer.

Nous nous gouvernons par des noms ; nous croyons à la puissance d'un homme ; c'est de la monarchie : vienne sa défection et nous voilà démoralisés.

Ne comptons que sur les principes ; aidons à leur développement par notre concours et notre instruction ; voilà la démocratie.

Nous croyons à la fortune ; elle nous impose et provoque notre envie ; c'est de la monarchie : la fortune provient de l'exploitation et non du travail.

Ce qu'il nous faut désirer pour demeurer dans la limite des mœurs vraiment démocratiques, c'est l'aisance qui découle d'un travail doux et permanent.

Nous abhorrons le travail au fond de nos âmes, nous lui préférons l'oisiveté : c'est de la monarchie ; car elle aussi déteste le travail et vit de fainéantise, imposant le travail au peuple.

Nos idées et nos habitudes sont à refondre en ce point ; le travail est ce qui distingue l'honnête homme du malfaiteur ; à quoi nous devons tous prêter les mains, c'est que non-seulement tous aient droit au travail, mais que le travail soit obligatoire pour tous, afin de ne plus avoir de fainéants à nourrir.

Nous croyons aux capacités et nous nous en reposons sur elles du soin d'améliorer notre sort : c'est de la monarchie, car les capacités sont dominatrices et se font toutes un nid du crédit que nous leur accordons.

Ici se décèle notre adolescence démocratique ; cependant les innombrables apostasies qui se sont étalées sous nos yeux depuis soixante ans ont dû nous apprendre que le progrès social est dans le développement privé de toutes les intelligences et dans le libre exercice de leurs devoirs respectifs ; chacun doit donc répondre de sa volonté, de sa raison, de son dévouement. La réalisation de cette intime progrès fera tomber en désuétude toutes les lois écrites et par conséquent le despotisme.

Nous croyons à la force et nous dominons les enfants et les faibles ; c'est de la monarchie, qui en use de même à l'égard des peuples, qu'elle a l'impudence de traiter en mineurs.

Tenir compte du droit différent des âges et des diversités physiques, en user à leur égard selon que nous estimons qu'on en dût user au nôtre, c'est, en ce point, toute la démocratie ; mais avouons-le, c'est là le progrès le plus difficile à réaliser, parce qu'il est tout d'intimité et que la pratique monarchique de la force, qui a sa raison dans la croyance à l'orgueil, nous a tous faits à son image, c'est-à-dire emportés, violents, brutaux devant les faibles, rampants devants les forts.

Nous croyons à l'esprit, c'est-à-dire au privilége de la parole, et nous nous laissons guider par lui ; c'est de la monarchie ; l'esprit est la faculté de mentir sur tout, à l'occasion de tout, et de tromper en toute occasion ; c'est le vomitoire de la raison humaine qui mène les vertus à l'échafaud.

L'iniquité, le mensonge fourmillent de bouches d'or et malheureusement les multitudes, qui n'entendent rien au mécanisme de l'esprit, se laissent universellement *piper* par les grands orateurs, qui ne sont, au fond, que de grands charlatans. La vérité, la logique, le bon sens, la droiture répugnent aux paroles dorées et ne recherchent que le simple, qui merite seul créance.

Or, ce qui a rapport à la sociabilité humaine est accessible à la raison de tous, parceque cette sociabilité a pour base l'auguste et simple Égalité. Tout ce qui concourt à réaliser cette égalité dans les institutions humaines est *vrai ;* tout ce qui s'en éloigne, sous un prétexte ou sous un autre, est *faux*. D'après cela, il n'est pas possible aux monarchiens, politiques ou religieux, de jamais dire vrai, parce que la monarchie a pour fondement *l'inégalité sociale.* Si le peuple ne se départissait jamais de cette règle aussi simple que lumineuse, il ne s'en laisserait point imposer par la fausse littérature, la fausse science, la fausse moralité de ces Cicérons de tous les âges.

Nous croyons à l'autorité de l'homme sur l'homme ; c'est de la monarchie toute pure. Une seule chose a légitimement autorité sur l'homme : c'est la raison éclairée par la connaissance, raison qui lui fait découvrir l'ordre des choses soumises à son action, ordre auquel il est entraîné de lui-même à se soumettre dès qu'il l'a découvert.

En effet, tous les hommes sont pourvus d'une personnalité physique ; nul d'entre eux ne charge son prochain d'exercer son *moi*. Il faut donc créer pour chaque homme une personnalité intellectuelle ou de raison, et quelque jour, tous rejetteront l'autorité de l'homme sur l'homme pour adopter celle de la raison de tous, généralisée et modérée par la dogme social du travail.

Nous croyons à la possession de la femme par l'homme ; c'est de la monarchie dans ses profondeurs les plus ténébreuses. La femme est un être distinct de l'homme comme celui-ci est un être distinct de la femme ; par conséquent le droit à la liberté absolue de celle-ci, est de tous points égal à celui de l'homme.

La reconnaissance de ce principe est le dernier que confessera le genre humain, par la raison qu'il est la dernière trace de la sauvagerie ou force brutale que la monarchie a logée au cœur de l'homme. Ainsi celui-ci ne veut plus de maître, mais il entend toujours *disposer* de *sa* femme : c'est se déclarer pour la liberté en public et pratiquer le despotisme en famille.

Nous croyons que chacun est pour son compte, c'est-à-dire que, dans la consommation de nos jours, nous nous retranchons tous sur nos forces individuelles, leur demandant notre existence quotidienne ; c'est de la monarchie, dont l'intérêt est de diviser les hommes et d'isoler leur action.

Comprenons mieux l'association : en dehors de l'association tout se heurte, tout se choque et se brise ; c'est l'enfer décoré du nom de civilisation. Comment le salut

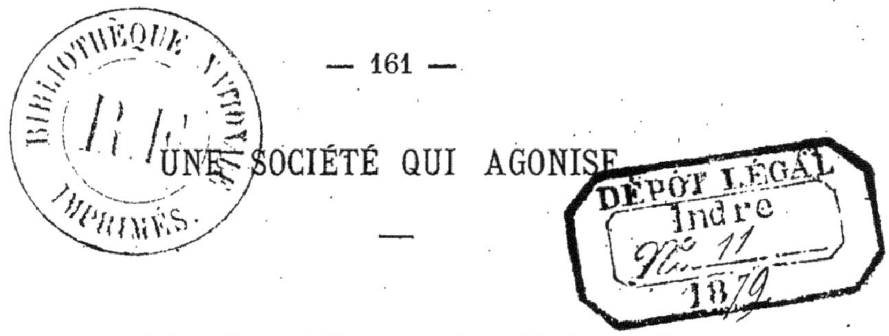

UNE SOCIÉTÉ QUI AGONISE

—

La société, telle qu'elle est aujourd'hui, n'existera pas toujours ainsi. A mesure que l'instruction descend dans les classes inférieures, celles-ci découvrent la plaie qui ronge l'ordre social : plaie qui est la cause de tous les malaises et de toutes les agitations populaires.

La trop grande inégalité des conditions et des fortunes a pu se supporter tant qu'elle a été cachée, d'un côté par l'ignorance, de l'autre par l'organisation factice de la cité ; mais aussitôt que cette inégalité est généralement aperçue, le coup mortel est porté.

Recomposez, si vous le pouvez, toutes les fictions aristocratiques ; essayez de persuader au pauvre, quand il saura lire, au pauvre à qui la parole est portée chaque jour par la presse, de ville en ville, de village en village, essayez de persuader à ce pauvre, possédant la même lumière et la même intelligence que vous, qu'il doit se soumettre à toutes les privations, tandis que tel homme, son voisin, a, sans travail, mille fois le superflu de la vie : vos efforts seront inutiles.

Le développement matériel de la société accroîtra le développement des esprits. Quand le salaire, qui n'est que l'esclavage prolongé, se sera émancipé à l'aide de l'égalité établie entre le producteur et le consommateur ; quand les divers pays prenant les mœurs les uns des autres, abandonnant les préjugés nationaux, les vieilles idées de conquêtes, tendront à l'unité des peuples, par quel moyen ferez-vous rétrograder la société vers les principes épuisés ?

L'avenir sera un avenir puissant, libre dans toute la plénitude de l'égalité ; mais il est loin encore. Avant de toucher au but, avant d'atteindre l'unité des peuples ; la démocratie naturelle, il faudra traverser la décomposition sociale, temps d'anarchie, de sang peut-être. Cette décomposition est commencée.

Quand il ne s'agirait que de la seule propriété, n'y touchera-t-on point? Restera-t-elle distribuée comme elle l'est?

Une société où des individus ont deux millions de revenu, tandis que d'autres sont réduits à remplir leurs bouges de monceaux de pourriture, pour y ramasser des vers, vers qui, vendus aux pêcheurs, sont le seul moyen d'existence de ces familles elles-mêmes autochthones du fumier ; une telle société peut-elle rester stationnaire sur de tels fondements?

Mais si l'on touche à la propriété, il en résultera des bouleversements immenses, qui ne s'accompliront pas sans effusion de sang ; la loi du sang et du sacrifice est partout. La société moderne a mis dix siècles à se composer, maintenant elle se décompose.

Nous ne sommes pas dans un temps de révolution, mais de transformation sociale. J'aperçois l'hôpital où gît la vieille société. Quand elle aura expirée, elle se décomposera afin de se reproduire sous des formes nouvelles ; mais il faut d'abord qu'elle succombe. La première nécessité, pour les peuples comme pour les hommes, est de mourir.

La vieille société fait semblant de vivre, elle n'en est pas moins à l'agonie !

Ch....

ADMINISTRATION GÉNÉRALE DE L'ASSISTANCE PUBLIQUE

—

XI° ARRONDISSEMENT DE PARIS.

—

Paris, 30 novembre 1878.

M.

. . . .

« Depuis dix-huit ans, le nombre de nos ménages indi-
» gents a constamment progressé, et rien ne nous permet
» de prévoir la fin de cet accroissement. Dans le cours
» d'une année, plus de vingt mille personnes que des ma-
» ladies, des infirmités, d'excessives charges de famille, le
» grand âge, le défaut de travail ont mises à bout de
» moyens d'existence, réclament des secours. »

. . . .

Ont signé le Maire, les Adjoints et les Administrateurs
du Bureau de bienfaisance. (1).

———

Dans un arrondissement qui compte 30,000 électeurs, il y a 20,000 indigents ; on ne sait pas quand
cet accroissement s'arrêtera, et l'on dit qu'il n'y a pas de
question sociale ! ! !

Eugène CHEVALIER.

———

(1) J'ai entre mes mains la circulaire, que je reproduis ici dans sa partie principale.

LOGEMENTS DES OUVRIERS A PARIS.

—

Les habitations de la plus grande partie des ouvriers sont insalubres. Il n'est pas rare de voir dans notre grande capitale, après une journée de labeur, toute une famille réunie dans une même pièce, père, mère et.enfants gîtés pêle-mêle ; heureux lorsque l'on possède un coin de débarras où, le matin, on jette sa paillasse et ses nippes, qui servent à garantir du froid pendant l'hiver.

Si minime que soit le loyer, il est pour le prolétaire une préoccupation constante ; un mois à l'avance il faut s'imposer des privations, et trop souvent avoir recours au Mont-de-Piété.

C'est avec une vive satisfaction que nous voyons le peuple des travailleurs dompter la fatigue, dompter l'abrutissement, dans lesquels cherche à le maintenir l'ordre moral, pour venir prendre sa part de lumière et de progrès. Pauvre peuple si longtemps méconnu... Marche, marche dans la voie de la vérité, et tu deviendras, par ton courage et ta persévérance, l'arbitre de l'avenir.

Mme ÉMILE SAINT-HILAIRE.

AIMONS-NOUS.

—

Tous tant que nous sommes, comptons avec l'humaine nature, et dans la vie, quelles que soient les peines qui nous accablent, les tristesses que nos cœurs éprouvent, soyons doux, compatissants, indulgents et généreux, aimons-nous, aidons-nous.

Aimons-nous pour être aimés, voilà le précepte des gens de bien de tout âge et de toute condition ; précepte qui résume la morale universelle.

Petits et grands, ne perdons jamais de vue, dans nos ateliers, dans nos familles, dans nos associations, ce précepte : « Aimons-nous les uns les autres. »

N'oublions jamais que l'estime publique doit être le mobile et le but de nos actions.

Elle vaut tous les trésors.

Aimons-nous, et nous ne craindrons plus les oppresseurs !... Ils ne sont forts contre nous que parce que nous sommes désunis.

Ch. VERNEUIL,
Typographe.

GRACE ET AMNISTIE.

Nous avons la République en France, la République républicaine.

Il nous faut des républicains, des citoyens, c'est-à-dire des hommes énergiques dans leur conviction pour donner à ce gouvernement toute sa valeur.

Il faut faire disparaître les traces de nos discordes politiques, il faut l'amnistie pleine et entière pour assurer la paix sociale.

Les grâces, la clémence ne sont plus de saison ; il ne faut plus abaisser les caractères, il ne faut plus d'hypocrisie. Ministres de la République ouvrez toutes grandes aux proscrits, les portes du pays ; recevez-les fraternellement ; oubliez les temps malheureux et les luttes fratricides. Nous profiterons tous des effets de cette sage politique ; mais si vous humiliez les hommes, si vous ne laissez entrer que ceux qui auront menti à leur conscience en disant : merci, vous n'aurez que l'apparence de la soumission ; ceux qui se seront humiliés seront d'autant plus redoutables, qu'ils auront menti.

Donnez l'amnistie complète, au lieu de grâces indignes de vous, indignes de nous tous, que vous représentez, signez l'acte de la réconciliation et la France vous approuvera.

Eugène CHEVALIER.

Extrait *des mémoires inédits d'un enfant du peuple.*

LÉGISLATEURS VOUS VOUS TROMPEZ !

Législateurs vous vous trompez ! Vous vous trompez, vous dis-je, quand vous croyez servir le peuple en lui forgeant de nouvelles chaînes...

Cette camisole de force, que vous qualifiez de projet de loi sur les syndicats, ne peut être autre chose, étant donné le désordre économique et social, au milieu duquel la société française se débat. Employez tous vos efforts à fonder une République vraiment démocratique, et laissez l'état producteur s'établir sur sa base morale : le travail.

N'ayez nul doute à cet égard, il saura bien se diriger lui-même.

Ni vous, ni moi, ni personne, ne saurait endiguer

l'océan à la marée montante. Laissez donc au travail cette autre marée montante : *le temps*, *l'espace* et *la liberté*. Vous vous en trouverez bien, et lui aussi.

Dans l'ordre des faits au milieu desquels vous vous jetez à la légère, vous ne rencontrerez qu'amertume et déception.

Vous ferez de *vos amis politiques actuels* des ennemis irréconciliables, attendu que, malgré vous, vous aurez marché sur les traces des socialistes césariens.

Croyez-moi, les bons hommes avides d'esclavage, et les quasi satisfaits du prolétariat, qui vous poussent dans cette voie déplorable, sont infiniment moins nombreux que vous le supposez.

La masse républicaine des travailleurs est opposée à toute réglementation législative du travail ; elle ne réclame que *le temps*, *l'espace* et *la liberté*.

Le travail est sa propre puissance, et soyez-en certains, il brisera toutes les résistances, si on ne lui laisse pas la place nécessaire à sa libre et normale expansion.

Laissez-le faire, il vous sera bienveillant et utile ; autrement, il sera contre lui-même et contre vous un danger permanent.

EDMOND RATTIER,
Ancien sous-officier au 48ᵉ de ligne,
Ancien représentant du peuple.

LE PROLÉTARIAT.

Les cahiers du prolétariat, tel est le titre adopté pour notre publication.

Pourquoi avoir choisi ce titre plutôt qu'un autre ?

Je vais essayer de l'expliquer.

Qu'est-ce que le *prolétariat?*

Du temps des Romains on donnait le nom de prolétaires à ceux qui n'étaient utiles à la République que par les enfants qu'ils engendraient. Dans les états modernes, on donne ce nom à ceux qui n'ont ni fortune, ni profession suffisamment lucratives. Donc notre titre est bien trouvé.

En effet, ne sommes-nous pas prolétaires, nous qui travaillons du matin au soir sans pouvoir nous donner notre suffisance ; ne sommes-nous pas prolétaires, nous les parias, les bêtes de somme des classes dirigeantes, nous qui depuis tant de siècles composons avec notre sueur et notre sang la fortune de ces gens qui nous regardent avec mépris ; notre sort n'a-t-il pas toujours été le même depuis l'époque la plus reculée jusqu'à nos jours ? avec cette différence que, avant 89, la classe dirigeante était la noblesse, tandis qu'aujourd'hui c'est la bourgeoisie ; mais n'est-ce pas tombé de Charybde en Scylla ?

Je sais bien qu'il y a eu quelques améliorations pour le travailleur, dans ces derniers temps, mais qu'est-ce que cela, auprès des priviléges dont jouissent les bourgeois, depuis 89, au détriment des prolétaires. Est-ce que ce n'est pas nous qui payons toutes les charges? et pourtant nous ne devrions pas supporter ce fardeau, nous qui n'avons contracté ces dettes causées par les guerres et autres causes.

Il faut que nous soyons les égaux de nos dirigeants et qu'il n'y ait plus de priviléges.

Il faut, comme le disait notre grand poëte, sortir des quatre murs sanglants de la Géhenne Ignorance, colère, orgueil, mensonge.

Par quels moyens y arriver? Par l'instruction. Non pas cette instruction qui semble avoir peur de se mon-

trer, mais celle mise à la portée des travailleurs, l'instruc-
.tion prolétarienne, la seule qui démontrera aux prolétaires ce qu'ils sont, ce qu'ils peuvent-être et ce qu'ils
doivent-être.

Unissons donc nos efforts pour faire pénétrer dans
l'esprit des travailleurs cette vérité : « *Instruisez vos
enfants, afin qu'ils deviennent des hommes,* » et nous arriverons ainsi au but que nous nous proposons, à l'émancipation du prolétariat.

M. Garreau.

Qu'est-ce que l'ouvrier ?
L'ouvrier est une machine fonctionnant au profit du
capital.

La révolution qui s'opère aujourd'hui dans la société
a besoin d'être observée à tout moment. Si les ouvriers
veulent faire œuvre de progrès et concourir puissamment
au succès de la réforme sociale, il faut qu'ils tiennent
note exacte de toutes les innovations qui s'introduiront
dans les conditions du travail et dans les rapports des
associations, ainsi que de l'influence de ces innovations
sur leur bien-être. C'est un travail très-important, et que
les associés peuvent seuls faire, c'est un sujet d'étude
que nous leur recommandons spécialement.

G. Duchesne.

SOLUTION RADICALE DE LA CRISE SOCIALE.

—

§ II.

CE QUE VEULENT LES SOCIALISTES.

Le prolétaire revendique le droit à la vie que personne ne lui conteste directement avec son corollaire scientifique, le droit aux moyens d'existence, que la majorité lui refuse.

Lorsque le prolétaire dit, j'ai faim, l'organisation actuelle lui répond : Travaille, sans s'inquiéter qu'il trouve ou ne trouve pas un travail suffisamment rémunérateur ; car elle n'admet pas le droit au travail qu'implique son égoïste réponse.

Les Socialistes de 1848 n'en demandaient pas davantage ; ils furent bannis ou mitraillés par les sinistres coquins de décembre, et plus de 7,000,000 de Français trouvèrent que les scélérats avaient fait œuvre de salubrité publique.

Les Socialistes d'aujourd'hui, plus positifs que leurs devanciers, ne sauraient se contenter du droit au travail. C'est au nom du droit égal pour tous aux moyens d'existence qu'ils relèvent le drapeau de la Révolution.

Que leur fera-t-on ?... Ils ne s'en inquiètent pas !

Ils n'entendent pas s'affranchir de la loi du travail, au contraire, ils déclarent bien haut qu'ils n'ont pas d'autre religion. Mais il leur faut la liberté dans le travail, parce qu'ils ont reconnu que le manque de cette liberté était la cause principale de leurs souffrances.

Détenteurs de la fortune, dite publique, oseriez-vous dire que cette liberté existe, lorsque vous savez tous que le prolétaire ne peut cumuler quelques journées de travail pour exécuter un ouvrage d'ensemble et prendre quelques heures consécutives de repos (des vacances, si vous voulez,) sans se trouver en face de l'alternative inévitable de mourir de faim.

Vous avez crié sur tous les tons que vous étiez restés neutres à Anzin, que vous aviez assuré la liberté aussi bien dans le camp des grévistes que dans celui des capitalistes.

En quoi donc, s'il vous plaît, votre neutralité a-t-elle diminué les étreintes de votre cruel allié, la faim, dont chaque minute apprenait aux grévistes la puissance irrésistible ? Ces derniers pouvaient-ils faire autre chose que se soumettre ou mourir d'inanition ? C'est pourtant cela que vous appelez liberté !

Les Socialistes ne rêvent point l'égalité dans la production, ils ne la confondent pas avec l'égalité dans la nature qui, seule, peut donner à chacun la certitude de jouir et de prospérer suivant ses facultés, son initiative et ses efforts. La liberté individuelle elle-même est un vain mot sans l'égalité de droit à la matière première.

Les Socialistes veulent une organisation légale, selon le sens rigoureux de cette formule d'économie générale dont les bourgeois se sont emparés pour en fausser le sens : « La propriété, le capital sont les résultats du travail, et ils ne sauraient appartenir à un autre qu'à celui-là même qui a fait le travail. »

Votre organisation sociale se résume ainsi : Mourir ou végéter par le travail !

L'organisation poursuivie et non rêvée par les Socialistes se résumera ainsi : Végéter ou prospérer et jouir par le travail !

Quel est donc celui d'entre vous, partisans de la propriété individuelle du sol ou de la matière première, qui peut en revendiquer le plus petit atôme comme le résultat d'un effort personnel ? Vous confondez l'injuste possession de la matière première avec la légitime jouissance viagère par le travailleur de toute la quantité qu'il a transformée lui-même. Puis, vous aggravez cette première usurpation par la loi sur l'hérédité (1), et, comme vous avez la prétention de ne rien faire qui ne soit la conséquence d'une théorie, vous imaginez celle des responsabilités héréditaires. Mais, s'il est juste que le fils du dilapidateur soit condamné à la misère, emprisonnez donc, comme son père, le fils du voleur et décapitez aussi le fils du condamné à mort. L'un n'est pas plus absurde que l'autre. Dans un autre ordre d'idée, cette théorie des responsabilités héréditaires n'est-elle pas la négation du suffrage universel auquel les puissants du jour doivent leur élévation. Si les responsabilités sont héréditaires, de quel droit les fils de ceux qui s'étaient donnés au roi cherchent-ils un régime autre que la royauté ?

Nous, Socialistes, nous disons : Puisque personne ne peut prouver que la matière première est le résultat de son travail, elle n'appartient à personne, et ce qui n'appartient à personne est à tous : Cela revient à dire que la propriété du sol doit être collective.

Les lois qui l'ont individuellement aliénée sont injustes parce qu'elles violent les droits naturels de l'individu aussi bien que les enseignements de la science.

En effet, on répond à l'homme : Travaille, lorsque la nature lui avait dit : Cueille !

(1) Nous prouverons dans une étude spéciale que l'individu mis dans la possibilité de jouir de tous les résultats de son travail peut substituer la dot à l'héritage, et cela au grand profit de la morale publique.

Les législateurs avaient pour mission de régler la cueillette, de veiller à l'égale répartition des richesses naturelles ; ils ont préféré les monopoliser sans compensation au profit de quelques-uns.

Les Socialistes, puisant leurs convictions dans un positivisme rigoureux, soutiennent que les droits et les devoirs de l'homme découlent de besoins naturels dont la création aussi bien que la destruction échappent à la puissance humaine. Ils se demandent alors comment on a pu substituer l'obligation de travailler au droit primordial de cueillir. L'analyse de l'histoire leur montre cette substitution s'accomplissant lentement au milieu d'une infinité de circonstances diverses dans lesquelles l'ignorance, la superstition et le fanatisme sont les éléments dominants. Lorsque la science a détruit ces puissants facteurs de cette action usurpatrice, un égoïsme aveugle reste seul pour perpétuer cette œuvre d'injustice ; pour cela il déploie tant d'habileté, de sophismes et d'artifices de langage, qu'il semble avoir fait oublier à la majorité ce qu'était la propriété avant son organisation actuelle, et que la plupart des membres de cette majorité croient, de bonne foi, que la loi est arrivée à ce suprême degré de perfection d'être l'expression du droit naturel.

Forte de cette croyance, la majorité a déclaré inviolables et imperfectibles les lois distributives de la propriété.

Au nom de cette inviolabilité, plus d'un penseur s'est vu traqué et sévèrement puni pour avoir attaqué la propriété, lorsqu'il croyait, avec quelque raison, faire acte de progrès, de libre pensée, ou qu'il voulait simplement, de bonne foi, soumettre une question au creuset de la discussion publique. Ces condamnations ont toujours été prononcées au nom d'un pouvoir qui se serait déclaré offensé si on l'eût appelé l'ennemi du progrès, de l'égalité, de la liberté de penser.

Lorsque les choses se passent ainsi, on ne peut s'empêcher de mettre en parallèle cette rigueur avec certains faits récents, et on est forcé de conclure que, dans ces occasions, le juge et le pouvoir dont il émane n'ont pas plus la notion de la liberté de l'égalité que celle de la propriété.

N'est-il pas raisonnable de contester la notion de la propriété à ceux qui condamnent une attaque contre une propriété légale, mais point en rapport avec les principes économiques, puisqu'elle n'est pas le résultat du travail de ceux qui la possèdent, tandis qu'ils laissent se produire impunément des manœuvres bien plus retentissantes et les encouragent en fournissant un local pour réunir les ennemis d'une autre propriété, peut-être moins légale, puisqu'elle est limitée, néanmoins bien plus conforme que la première à cet axiôme d'économie générale : « La propriété, le capital sont les résultats du travail, et ils ne sauraient appartenir à un autre qu'à celui-là même qui a fait le travail. »

Je viens de faire allusion à certaines théories émises au Congrès de la propriété industrielle réuni au Trocadéro, il y a quelques jours.

Certains orateurs, au nom de l'intérêt public (lisez des capitalistes), ont demandé l'abolition du brevet d'invention. Les partisans de cette motion argumentaient que les inventeurs n'inventaient rien, en réalité, puisqu'ils réunissaient le plus souvent des éléments divers existant déjà n'étant pas, par conséquent les résultats directs de leur travail, ne pouvant, dans ce cas, constituer une propriété ; ils ne voulaient pas comprendre que, quelle que fût la source des diverses parties dont la réunion faisait l'invention, il n'en subsistait pas moins un tout qui n'existait pas avant le travail de l'inventeur. Contester le brevet d'invention, même le réglementer en lui assignant une durée moindre que la vie de l'inventeur, n'est-ce pas porter, au premier chef, atteinte à la propriété et en même temps à la liberté individuelle en privant un individu des résultats de son travail.

Peut-on reconnaître la notion de la propriété à celui qui, de bonne foi, favorise certaines attaques contre elle pour en réprimer de moins subversives?

Les arguments développés au Congrès de la propriété industrielle sont dans le domaine public; leurs promoteurs, ennemis des brevets, n'en revendiqueront pas le monopole. Qu'on nous laisse donc, nous prolétaires, en user, à notre tour, selon les besoins de notre cause, comme l'ont fait les patrons sous la bienveillante tutelle administrative.

Le pouvoir ne peut agir autrement sans porter atteinte à l'égalité et à la liberté dont il est le défenseur d'office; il ne peut pousser les Socialistes à se transformer en conspirateurs jusqu'à ce qu'une propagande secrète et implacable les ait rendus assez nombreux ou assez forts pour proclamer, à leur tour, le *Vœ victis* ou la maxime bismarkienne : *La force prime le droit.*

Au reste, ces idées étroites de la majorité sur la propriété s'expliquent facilement par ce fait que l'enseignement, la source à laquelle la plupart des hommes puisent leurs connaissances, n'a jamais été libre ; car, de tout temps, il n'a pu échapper, si ce n'est entre les mains des hommes noirs, à la férule des législateurs qui ont restreint sa force de propagande à la défense des idées qu'ils jugeaient favorables à leurs intérêts, et comme les lois que nous subissons aujourd'hui tirent leur origine de législatures dans lesquelles dominaient les propriétaires fonciers et les gros capitalistes, elles n'étendent pas l'idée de la propriété au-delà des besoins de ces classes privilégiées.

Heureusement, il n'est écrit nulle part dans la nature que les prolétaires ne seront pas un jour les plus puissants ; au contraire, le principe de leur souveraineté est inscrit dans la loi, il est même défendu par ceux qu'il renversera bientôt, car le suffrage universel n'est autre chose que le triomphe du nombre, et les prolétaires sont le nombre.

Grâce à l'agitation socialiste, cette souveraineté, encore toute théorique, deviendra bien vite une réalité pratique en réunissant en un seul faisceau tous ces groupes de travailleurs que des aspirations confuses et mal définies, toujours exploitées par les habiles, poussent à chercher le bien-être dans des expédients qui ne seront jamais une solution, qu'on les appelle banques populaires, association, fédération, coalition, coopération, etc., etc. (1).

Toutes ces institutions, qui sont assurément d'excellents agents pour activer la production, n'amèneront pas l'extinction radicale du paupérisme, parce qu'elles tiennent compte seulement des majeurs valides, tandis que les moyens prônés par les Socialistes sont les conséquences d'une organisation générale, basée sur la légitime satisfaction des besoins naturels de chaque unité sociale, c'est-à-dire de chaque individu, depuis le jour de sa naissance jusqu'à celui de sa mort.

S. Deynaud.

(1) A l'aide de documents authentiques et d'hypothèses chiffrées dépassant tous les rêves des partisans de ces solutions sociales, nous démontrerons plus tard, d'une manière irréfutable (nous ne craignons pas de le déclarer, devrait-on nous accuser de présomption), l'insuffisance de ces expédients en présence de ce mal immense qui a nom misère.

LA FEMME DE L'AVENIR.

La femme a une organisation plus frêle et plus délicate que l'homme. Dès sa plus tendre enfance, elle est moins bruyante, plus douce, plus aimante, plus soumise, plus fidèle. C'est pourquoi une mère trouve, dans une fille, des consolations qu'elle n'a pas d'un garçon.

Les nerfs jouent de bonne heure un rôle considérable dans la vie de la femme ; sensibles et impressionnables à l'excès, les commotions fortes peuvent avoir, sur les cerveaux des petites filles, des conséquences déplorables.

On a grand tort, par conséquent, d'effrayer ces enfants pour les corriger : frapper leur jeune imagination en les menaçant du loup, de l'ogre, du père fouettard, de croquemitaine, etc., est une habitude trop souvent pratiquée et qu'il faut combattre comme très-dangereuse.

On peut en dire autant des contes, en apparence inoffensifs, où l'on introduit des fées, des revenants, ou les images effrayantes de la mythologie des religions.

Toutes ces manifestations surnaturelles devraient être éloignées avec soin, comme des abérations dangereuses et indignes de l'esprit humain qu'on a mission de développer, dès la naissance, chez les enfants.

Avec le progrès, tous ces vieux outils laisseront la place à des conceptions plus raisonnables, plus scientifiques, car la civilisation que nous voulons doit avoir pour but la perfection humaine.

* *

Je vois, dans les écoles de filles bien dirigées, la vie tout entière de la femme.

Dans ces écoles on devrait apprendre, après les notions les plus élémentaires, un peu de mécanique, de médecine, de pharmacie, et, à tour de rôle, les fillettes seraient cuisinières, lessiveuses, repasseuses, couturières, modistes, etc., de manière à leur donner, sans les ennuyer, les habitudes du ménage.

On apprendrait, comme arts d'agrément, la musique, la peinture, etc., selon le goût de ces enfants; j'aimerais que ces études fussent accordées à titre de récompenses, pendant les récréations; il me semble entrevoir, de cet enseignement, un résultat dépassant de beaucoup les espérances des pères de famille.

Mais, lorsque l'âge de la puberté approche, il faut de nouveaux soins; c'est alors qu'il faut veiller aux écarts de l'imagination : des rêves, des illusions mystérieuses préoccupent la pensée de la jeune fille. Les fables de la religion peuvent la porter au mysticisme exalté, et c'est ainsi que l'on peuple les couvents.

Ne tolérez pas non plus la lecture des romans, cette littérature excite les sens, exalte l'imagination et fait rechercher un bonheur idéal qui favorise l'énervement et la décadence d'un peuple.

La mère, confidente affectueuse de sa fille, doit achever l'éducation de la future épouse. Par la révélation des secrets organiques de la vie, elle doit aider l'œuvre de la nature.

La botanique, avec ses fleurs charmantes, la zoologie instructive et l'anatomie humaine, seront des connaissances appropriées à cet âge de la vie de la femme.

La femme ainsi préparée pourra aborder sa nouvelle

existence ; elle sera une femme forte, connaissant par avance ses devoirs d'épouse et de mère.

*
* *

La femme a été préparée pour l'hymen et pour la maternité ; elle a liée sa vie à un homme de son choix, elle a accepté de nouveaux devoirs qu'elle saura remplir dignement.

Que la jeune épouse se soigne physiquement : point d'abus d'aucune sorte, point de veilles ni d'excès de travail.

En suivant cette sage règle de conduite, la femme sera ce qu'elle doit être, elle sera cette fine créature qui a tant de tact et de délicatesse.

Ménageons le corps frêle et beau de nos femmes, que leur cerveau puisse rester calme, et elles auront moins souvent recours aux consolations dangereuses des directeurs de conscience.

Et l'éducation qu'elles donneront à leurs enfants ne produira plus les résultats déplorables que nous voyons ; nous n'aurons plus de ces petits gommeux que nous a légué la société dissolue produite par l'empire.

Il est nécessaire que la mère soit l'institutrice et l'éducatrice de ses enfants, sa place est au foyer. Sa présence à la maison sera plus avantageuse que les quelques francs de salaire qu'elle irait gagner dans un atelier, en négligeant ses devoirs de famille.

Pour élever la morale, il faut chasser de nos maisons cette littérature dont Ponson du Terrail est un type, et la remplacer par *une bibliothèque des femmes*, dont je recommande la formation à un éditeur sérieux.

Mais pour assurer à la femme sa dignité, il faut qu'elle puisse invoquer la loi du divorce contre un indigne époux.

Je n'entrevois rien de mieux pour élever la femme au niveau qu'elle doit atteindre dans l'avenir.

A. BOYER,
Employé de commerce à Marseille.

Fonder de bonnes écoles pour les filles, c'est assurément faire œuvre maternelle, mais c'est aussi reprendre la société en sous-œuvre.

ÉLISA LEMONNIER.

LA MODE.

—

. . . .

Combien se priveront, même de nourriture,
Pour montrer en public une belle parure,
Car le nombre en est grand de ces gens qui toujours
Feront ventre de paille et le dos de velours.
Quand il s'agit d'habits, de bijoux, de dentelles,
De ces colifichets ou d'autres bagatelles,
Si ça déplaît aux uns, ça rend d'autres heureux,
Mais la mode a parfois des effets désastreux.
Elle amollit le cœur, gêne la conscience,
Arrête le progrès, attaque la science !
On aura beau vouloir être récalcitrant,
Malgré soi de la mode on subit l'ascendant ;
Vous vous trouvez forcé, malgré votre scrupule,
De la suivre de loin ou d'être ridicule.
Et notre santé même en dépend à son tour :
Un remède est mauvais, s'il n'est au goût du jour.

Jadis on s'instruisait aux nobles tragédies.
Maintenant il nous faut farces et parodies !
Plus la farce est grossière et plus on est joyeux,
Surtout quand des appas viennent charmer vos yeux.

Des théâtres bâtards ont changé la coutume,
On n'est là sans façon, on rigole et l'on fume,
On n'y mange au besoin et l'on y boit toujours,
On peut même y trouver de faciles amours ;
On se croit bien plus libre en ne se gênant guère,
Et petit à petit le bon goût dégénère.

Sans raison on s'engoue en lisant tel auteur,
Qui fait de son héros un honnête voleur ;
Donne élégance, esprit à la femme galante,
Et tourne en ridicule une fille innocente.
Vous dépeindra le bagne au sortir d'un salon
Changera en argot la langue d'Apollon ;
Plus son style est coulant et plus il intéresse,
Et plus il pervertit et trouble la jeunesse.
Mais !... pendant ce temps-là, Lafontaine et Boileau,
Corneille aussi, Voltaire et Jean-Jacques Rousseau,
Les Racine, Regnard, jusques au grand Molière !
Et bien d'autres auteurs qui rendent l'âme fière,
Seront ou lacérés, ou lus de loin en loin,
S'ils ne sont pas vendus à l'épicier du coin !

Le Cann,
Tapissier.

SOCIÉTÉS DE CONSOMMATION.

—

DE LA RÉPARTITION DU DIVIDENDE.

Dans les sociétés de consommation, la répartition du dividende se fait au prorata des achats.

Cet usage vient de ce qu'on s'est tenu le raisonnement suivant : « Le dividende est la somme des bénéfices réalisés par les achats de tous ; il doit donc être réparti entre tous au prorata des achats de chacun. »

Et partant de ce raisonnement, vrai dans la forme, inexact au fond, l'on a adopté un principe injuste, nuisible à la prospérité de l'association, et entraînant des complications d'écritures gênantes et onéreuses.

Ce principe est injuste en ce que, s'il est vrai que le dividende est la somme des bénéfices réalisés par les achats de tous, il est vrai aussi que ces achats ne sont pas la plupart du temps proportionnels aux besoins personnels de ceux qui les font. Or, s'il est d'une bonne solidarité qu'en matière de consommation les avantages offerts aux associés soient en proportion de leurs achats, c'est à la condition que ces achats aient lieu en proportion de leurs besoins véritablement personnels.

Les besoins du sociétaire sont ou directement, ou indirectement personnels. Ses besoins directement personnels sont les siens propres ; ses besoins indirectement personnels sont ceux des personnes qui sont à sa charge, comme les enfants ou les personnes réduites à une incapacité absolue de travailler pour infirmité ou vieillesse, à la condition, toutefois, que ces dernières n'aient aucun revenu.

Il suffit d'examiner la composition de l'intérieur des sociétaires pour s'assurer que bien souvent leurs achats n'ont pas lieu dans ces conditions.

D'où injustice et perte pour le fonds social. Si le sociétaire peut jouir des avantages matériels de plusieurs tout en ne payant qu'un droit, soyez convaincus que dans la maison qui compte, par exemple, dix personnes, on ne prendra qu'une action, puisqu'avec cette seule action on peut bénéficier entièrement des avantages matériels de dix.

Quant à prétendre que la répartition au prorata des achats pousse à la consommation, c'est là un argument peu sensé, car il consiste à dire que le sociétaire va s'amuser à manger et boire plus qu'il n'a besoin pour toucher ensuite un plus gros bénéfice, bénéfice formé, en fin de compte, de l'argent sorti de sa poche.

Ce qu'il y a de vrai, c'est que ce système lui permettant de réaliser des bénéfices multiples tout en ne payant qu'un droit, il pourra avoir la pensée de prendre des marchandises pour des personnes à la fois étrangères à son intérieur et à la société. Poussé ainsi à la fraude, il agit d'une façon déloyale, et cause un préjudice d'autant plus grave à la société qu'il prend des marchandises pour un plus grand nombre de personnes : ce sont des actionnaires en moins.

Il est également faux de dire que la société de consommation prospère d'autant plus que les achats des associés sont plus considérables.

La société ne prospère que lorsque son capital social augmente. Or, les achats n'influent en rien sur l'augmentation du capital social, ou du moins ils ne doivent jamais concourir à cette augmentation, car autrement la société n'offre plus à ses membres tous les profits qu'elle pourrait leur procurer, puisqu'elle en retient une partie sous prétexte d'accroître le fonds social.

Toute société de consommation qui élève son capital par une retenue partielle ou totale du dividende, est une société qui exploite ses membres ; elle les exploite en proportion de leurs achats : ce qui est éminemment mauvais.

On voit donc que le système de répartition au prorata des achats est injuste, en ce qu'il accorde souvent aux sociétaires des avantages auxquels ils n'ont pas droit ; et qu'il nuit à la prospérité de l'association, en ce qu'il lui retire un grand nombre d'actionnaires.

Pour que ce système réglât les comptes avec équité, il faudrait qu'on pût toujours s'assurer que les achats des associés sont en proportion de leurs besoins véritablement personnels. Mais c'est là une certitude impossible à acquérir.

Certes, il serait facile de connaître le nombre de personnes que les sociétaires ont à leur charge, par la déclaration qu'ils en feraient, déclaration appuyée par des pièces authentiques ou par le témoignage de plusieurs co-associés ; mais on n'en connaîtrait pas davantage la quantité de marchandises qui correspond exactement aux besoins de ces personnes réunies ; car s'il est vrai que les besoins étant à peu près les mêmes chez chaque individu, les dépenses sont à peu près égales entre tous, il faut pourtant convenir qu'il peut exister une différence sensible en certains cas, comme, par exemple, lorsqu'il s'agit de deux sociétaires dont l'un prend des marchandises pour plusieurs personnes parvenues à l'âge viril, tandis que l'autre en prend pour plusieurs enfants en bas-âge.

Le système de répartition au prorata des achats étant injuste, nuisible à la société et ne pouvant être modifié, comme nous venons de le voir, à l'effet d'assurer une répartition équitable, il faut absolument le rejeter et en adopter un autre.

Pour que notre nouveau système soit supérieur à l'ancien, il doit remplir les deux conditions déterminées précisément par les deux graves défauts de ce dernier, c'est-à-dire qu'il doit assurer une répartition juste, et qu'il ne doit pas diminuer le nombre des actionnaires.

A cette fin, je propose que la répartition ait lieu au prorata du temps de sociétariat et proportionnellement aux charges du sociétaire.

Avec ce système, il est évident, la part de dividende dévolue au sociétaire étant proportionnelle à ses charges, que cette part se trouve être proportionnelle à ses besoins véritablement personnels : donc la répartition est équitable ; d'un autre côté, il est non moins évident que le sociétaire n'a plus d'intérêt à faire des achats supérieurs à ses besoins personnels, car s'il prend des marchandises pour six lorsqu'il ne devrait en prendre que pour quatre, il n'y gagne rien, attendu que les profits en résultant ne sont plus répartis au prorata de ses achats, mais simplement au prorata de son temps de sociétariat et eu égard au nombre de personnes aux besoins desquelles il a réellement à pourvoir : donc ce système ne nuit pas à la société en la privant d'un certain nombre d'actionnaires, et par conséquent, il n'arrête pas l'accroissement de son capital social.

Rien de plus simple et de plus facile dans la pratique que le système que je propose. Comme je le disais tout à l'heure, il est aisé de connaître le nombre des personnes qui sont à la charge du sociétaire. Ces personnes, je l'ai dit aussi, sont les enfants n'ayant pas encore atteint l'âge de travailler et de gagner leur vie (soit 17 ou 18 ans), ainsi que les personnes réduites à une incapacité absolue de travailler pour infirmité ou vieillesse, à la condition, toutefois, que ces dernières n'aient aucun revenu. Or, par la déclaration du sociétaire, déclaration appuyée par un extrait de l'acte de naissance pour les enfants et par le témoignage de plusieurs co-associés pour les infirmes et les vieillards, on saura le nombre de personnes que les sociétaires ont véritablement à leur charge.

Quant au temps de sociétariat, le registre des sociétaires le donnera exactement et à la minute. Mais il est bien entendu que par répartition au prorata du temps de sociétariat, je n'entends pas que celui qui aurait vingt ans de sociétariat, par exemple, devrait toucher, à cette époque, une part de dividende proportionnelle à ces vingt ans, ce qui serait absurde ; j'entends, par temps de sociétariat, le temps écoulé pendant la formation du dividende à répartir ; en sorte que pour le premier dividende auquel le sociétaire est appelé à prendre part, son temps de sociétariat doit être calculé depuis le jour où il est devenu sociétaire définitif jusqu'au jour où la répartition a lieu ; et pour les dividendes suivants, son temps de sociétariat doit être calculé d'après le temps écoulé d'un dividende à l'autre.

Comme on peut faire quelques objections au système que je propose, il est bon que je réponde, quant à présent, aux plus sérieuses de celles que je prévois.

Première objection : « La répartition ne se faisant plus au prorata des achats, le sociétaire qui ne se fournira pas dans les magasins de la société n'en touchera pas moins une part de dividende comme ceux qui s'y seront fournis, ce qui est injuste »

— Non, ce sociétaire ne touchera rien. La situation d'un actionnaire qui ne se fournit pas dans les magasins de la société me semble si anormale, qu'à mon avis cet actionnaire doit être immédiatement expulsé ; sa présence dans la société ne s'explique par rien, si ce n'est par des intentions malhonnêtes. J'agirais de même à l'égard de l'actionnaire qui appartiendrait à plusieurs sociétés de consommation, car sa présence dans plusieurs sociétés ayant le même but est tout aussi inexplicable, elle ne peut s'expliquer que par des raisons qu'il n'avouerait certainement pas. Tout individu dans une de ces deux situations doit donc être expulsé. Or, on saura si l'actionnaire appartient à plusieurs sociétés de consommation, en passant une convention avec les autres sociétés de ce genre établies dans le même pays, convention par laquelle ces sociétés s'engageront à se fournir réciproquement la liste de leurs membres ; on saura si l'actionnaire ne se fournit pas dans les magasins de la société, en exigeant que le gérant inscrive sur un registre spécial la sortie des marchandises avec la date de cette sortie et le nom des so-.

ciétaires à qui elles sont distribuées. Comme le sociétaire peut avoir à s'absenter du pays pendant quelque temps, s'il est constaté par ce registre que, pendant un ou plusieurs mois, il n'a pas pris de marchandises à la société, à la prochaine répartition de dividende, son temps de sociétariat sera diminué d'autant.

Deuxième objection : « Vous avez reconnu vous-même, me dira-t-on, qu'il existe une différence sensible entre la consommation d'un enfant en bas-âge et celle d'une personne parvenue à l'âge viril ; or, avec votre système, si le nombre des parts de dividende dévolues aux sociétaires sont plus ou moins nombreuses, selon que ces sociétaires ont plus ou moins de personnes à leur charge, ces parts, en échange sont toutes égales, celles enfants des comme celles des grandes personnes. Vous conviendrez que voilà une répartition qui laisse à désirer au point de vue de l'exactitude mathématique. »

— J'en conviens : mathématiquement, la répartition n'est pas parfaitement exacte ; mais ma réponse est facile, attendu qu'une répartition à la fois parfaitement exacte au point de vue mathématique et parfaitement équitable au point de vue du droit est absolument impossible ; je défie qui que ce soit d'arriver à cette perfection, par la raison qu'il n'est pas possible, comme je l'ai dit plus haut, de connaître exactement la somme de marchandises correspondante aux besoins de chacun. Ainsi la répartition au prorata des achats est parfaitement exacte au point de vue mathématique, mais elle est aussi parfaitement injuste au point de vue du droit ; et le système que je propose n'est pas parfaitement exact au point de vue mathématique, mais il est d'une exactitude parfaite au point de vue du droit.

Entre les deux systèmes, il n'y a pas à hésiter : le premier compte juste, ses chiffres suivent rigoureuse-

ment les achats de chacun ; mais il ne se préoccupe
pas de savoir si ces achats représentent véritablement les
besoins personnels du sociétaire : il accorde volontiers
les avantages de dix à qui n'a payé qu'un droit, et ces
avantages il les accorde tout entier, sans aucune restriction ni diminution,

Le second ne procède pas ainsi ; il n'accorde aux sociétaires que les avantages auxquels ils ont vraiment droit,
rien de plus, rien de moins ; mais il compte moins juste,
et il en résulte une petite irrégularité dans un certain cas.
Dans quel cas ? Quand on oppose la consommation d'un
enfant à celle d'un homme.

Je dis petite irrégularité, car elle sera bien petite en
effet. Les enfants dont la consommation est inférieure à
celle des grandes personnes sont ceux qui ont moins de
13 ou 14 ans ; or, le nombre de ces enfants forme
environ le quart de la population ; de sorte que sur 100
consommateurs, on doit compter environ 25 enfants
dont la consommation individuelle est, en moyenne, la
moitié moindre de la consommation individuelle des
75 autres personnes. D'où l'on voit que lorsque ces
75 consommateurs ont réalisé chacun un bénéfice de
10 francs, soit ensemble de 750 francs, les 25 enfants
n'ont réalisé, eux, en moyenne, que chacun un bénéfice
de 5 francs, soit ensemble de 125 francs ; 750 francs et
125 francs font un bénéfice total ou dividende à répartir
de 875 francs. Si ce dividende était réparti au prorata
des achats, il le serait en proportion exacte du bénéfice
apporté par chacun, soit 10 francs pour les grandes personnes et 5 francs pour les enfants ; mais s'il est réparti
au prorata du temps de sociétariat (en supposant ici,
pour plus de simplicité, que ce temps soit le même pour
tous), il sera divisé en cent parts égales de chacune
8 fr. 75. D'où les profits individuels des grands consom-

inateurs subissent une diminution de 1 fr. 25 pour 10 fr.,
soit de 12 1/2 p. 100 ; mais parmi ces derniers se trouvent nécessairement les parents de nos petits consommateurs ; or, pour ces sociétaires-là, il n'y a pas
diminution, puisque cette diminution leur revient par
l'augmentation du bénéfice de leurs enfants ; la diminution n'a donc lieu que pour ceux qui n'ont pas d'enfants
à leur charge, et cette diminution peut être, comme nous
venons de le voir, de 12 1/2 p. 100 environ.

Comparez cette petite irrégularité à l'injustice du vieux
système qui accorde, lui, sans autre examen, sans s'inquiéter du droit, et sans aucune restriction ni diminution
les avantages de dix à qui n'a payé qu'un droit, et dites
quel est le plus équitable des deux systèmes ?

D'ailleurs, cette petite irrégularité, vous pouvez l'atténuer en grande partie : il suffit de décider que la part
de dividende dévolue aux enfants ne sera, selon leur âge,
que le quart, la moitié ou les trois quarts de celle dévolue aux autres consommateurs. Mais, pour mon compte,
je repousse un semblable procédé, car s'il approche plus
de l'exactitude mathématique, il s'écarte davantage du
principe de la solidarité bien entendue. En effet, à qui
profite la petite irrégularité que nous venons de signaler ?
Au père, à la mère de famille ; si les bénéfices sont un
peu amoindris d'un côté et un peu augmentés de l'autre,
on voit que la diminution a lieu pour ceux qui n'ont pas
d'enfants à leur charge, et que l'augmentation se fait au
profit de ceux, au contraire, qui en ont ; et cette augmentation sera d'autant plus sensible que le sociétaire
aura plus d'enfants. Et vous trouvez cette irrégularité-là
mauvaise ?

Elle me paraît, à moi, d'autant meilleure, qu'elle permet à la société d'imposer au père et à la mère de famille
l'obligation suivante : « Comme nous vous favorisons par

des bénéfices plus grands que ceux auxquels vous avez mathématiquement droit, peut dire la société, nous vous demandons, en échange, que du jour où votre enfant aura atteint l'âge de cinq ans, vous lui formiez une action avec les parts de dividende qui vous reviendront pour sa consommation ; à cet effet, vous laisserez s'accumuler ces parts dans la caisse de la société jusqu'à complète libération de l'action. » Voilà comment notre petite irrégularité profitera, non-seulement aux parents, mais encore aux enfants ; et voilà comment notre nouveau système, au lieu d'arrêter l'accroissement du nombre des actionnaires, l'activera au contraire. J'ai dit que la société peut imposer cette obligation ; je dis plus : non-seulement elle le peut, mais elle le doit.

Troisième objection : « Vous proposez, peut-on me dire ici, que les parents soient tenus de former une action à leurs enfants en abandonnant, pendant le temps nécessaire, la portion de dividende qui leur revient pour la consommation de ces enfants. Mais vous êtes en contradiction avec vous-même, car précédemment vous avez dit : « Toute société de consommation qui élève son « capital social par une retenue partielle ou totale du di-« vidende, est une société qui exploite ses membres... « Elle les exploite en proportion de leurs achats : ce qui « est éminemment mauvais. »

— Oui, j'ai dit cela, et ne suis pas en contradiction avec moi-même ; car il faut distinguer la société qui s'enrichit de celle qui prospère. Une société s'enrichit, quand son capital social peut grossir sans que le taux de l'action ou le nombre des actionnaires augmente ; une société prospère, quand son capital social ne peut augmenter que par une surélévation du taux de l'action ou par une augmentation du nombre des actionnaires.

Exemple : Une société compte 100 actionnaires ayant

versé chacun une action de 50 francs ; son capital social est donc de 5,000 francs ; mais cette société, retenant une partie ou la totalité du dividende, a vu son capital s'élever, en quelques années, à la somme de 10,000 fr. Bien. Maintenant, à qui appartiennent les 5,000 francs de plus-value du capital social ? A tous en général, et à personne en particulier, me répondra-t-on ; ces 5,000 fr. appartiennent à la société. Donc la société s'est enrichie de 5,000 francs ; or, on ne s'enrichit jamais qu'aux dépens d'autrui. En voici la preuve : dix des actionnaires ont dû successivement quitter la société pour des causes diverses ; qu'est-ce que la société leur a remboursé à leur départ ? leur action, rien de plus ; mais puisque le capital social a doublé, ces dix actionnaires ont, en outre de leur action, ajouté à ce capital chacun la somme de 50 francs, soit ensemble 500 francs ; la société ne leur restituant pas cette somme, je dis qu'elle s'enrichit à leurs dépens, je dis que pendant leur temps de sociétariat elle les a exploités de cette somme de 500 francs. Si l'on m'objecte qu'il est bon que les membres des sociétés actuelles s'imposent des sacrifices en vue du bonheur des générations futures, je répondrai : je le veux bien, mais à la condition qu'on soit sûr de travailler au bonheur des générations futures. Or, qu'est-ce qu'une société ? Un être de convention dont la destinée est on ne peut plus aléatoire ; un être de convention qui, comme les hommes qui l'ont créé, n'est pas plus immuable qu'immortel. C'est pourquoi j'estime qu'il n'est pas sage de favoriser l'enrichissement indéfini d'une société dont l'avenir est inconnu, d'une société qui n'a ni le don de l'immutabilité, ni le don de l'immortalité. D'ailleurs, les associations actuelles s'établissent pour passer d'un état mauvais à un état meilleur ; elles se forment surtout en vue des besoins présents ; n'amoindrissons pas le bien qu'elles peuvent faire en retenant une partie de ce bien sous prétexte de générosité mal raisonnée.

Une societé s'enrichit donc quand son capital social peut grossir sans que le taux de l'action ou le nombre des actionnaires augmente.

Est-ce ce que je propose ? Évidemment non. Avec mon système, le capital grossit aussi par une retenue du dividende pour les enfants âgés de cinq ans, cela est vrai ; mais en même temps le nombre des actionnaires augmente dans la même proportion ; en sorte que si ce capital, de 5,000 francs au début, s'élève, dans un temps donné, au chiffre de 10,000 francs, c'est que les actionnaires, de 100 qu'ils étaient au début, seront devenus 200 dans le même temps. Et si l'on me demande à qui appartiennent ces 10,000 francs, je répondrai, moi aussi, à tous en général et à personne en particulier : ils appartiennent à la société ; seulement il y a cette différence, c'est que les 10,000 francs sont ici divisés en 200 parts parfaitement égales, qui ont chacune leur propriétaire particulier ; en sorte que, si l'un d'eux vient à se retirer, la société lui rembourse intégralement sa part de capital social ; elle ne lui retient et elle n'a pas le droit de lui rien retenir, excepté lorsque le sociétaire est exclu pour fourberie, alors la société agit de représailles. On voit donc qu'ici le capital ne peut grossir qu'à la condition que le taux de l'action ou le nombre des actionnaires augmente. A vrai dire, la société ne possède pas son capital ; elle le détient seulement et en dispose au mieux de l'intérêt général, puisque ce capital peut lui être retiré d'un jour à l'autre, soit en totalité, soit en partie, selon le mouvement de sortie des actionnaires. Voilà comment une société prospère et ne s'enrichit jamais dans l'acception vraie du mot ; elle offre à tous les mêmes droits sans exploiter personne ; elle laisse à

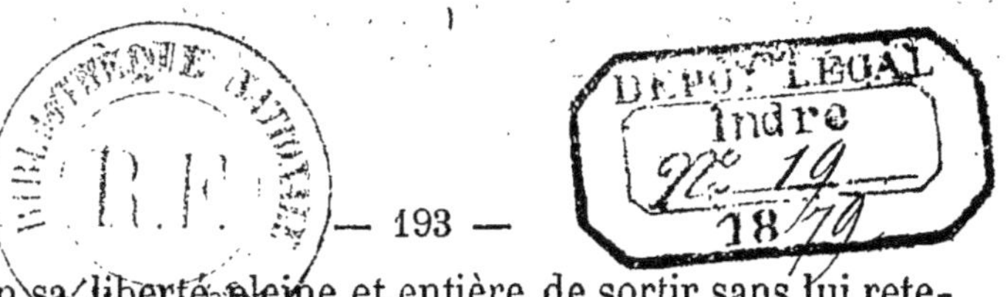

chacun sa liberté pleine et entière de sortir sans lui retenir un sou.

Avant de terminer, je ferai remarquer qu'au point de vue des écritures et de la comptabilité, tout l'avantage est de mon côté. En effet, si le gérant inscrit encore la sortie des marchandises et le nom des acheteurs, c'est une simple question d'ordre et de contrôle ; mais il n'est plus nécessaire d'ouvrir un compte à chaque actionnaire ; la répartition ici ne demande d'autre écriture spéciale qu'un état des actionnaires indiquant leur temps de sociétariat et leur valeur comme consommateurs ; ce seul état donnera, en fort peu de temps, la part de dividende qui revient à chacun ; tandis que l'ancien système exige des écritures journalières et particulières pour chaque sociétaire, afin de se tenir au courant de ses achats ; il entraîne donc une comptabilité compliquée, et par conséquent onéreuse et sujette à l'erreur.

Aussi, pour toutes les considérations qui précèdent, je me déclare adversaire du système de répartition au prorata des achats, et j'engage les membres des sociétés de consommation à étudier le système que je viens d'exposer d'une façon sommaire, et à l'adopter au plus tôt si, comme moi, ils le trouvent supérieur à l'autre. Par cette réforme, ils s'assureront les avantages suivants :

1° Simplification des écritures ;

2° Répartition plus équitable ;

3° Augmentation du capital social ;

4° Meilleur esprit de solidarité ;

5° Augmentation du nombre des actionnaires recrutés, en grande partie, dans la jeune génération.

Je sais que le système que je propose va se heurter aux obstacles que rencontre toute réforme : opposition. de ceux qui ont intérêt au maintien de l'ancien état de choses, routine, préjugés ; mais je sais aussi que les associations ouvrières comptent beaucoup d'amis du progrès, et que ma proposition sera examinée avant d'être adoptée ou rejetée.

Je termine donc en m'en rapportant au jugement de mes concitoyens.

LEBESGUE,
Typographe, à Beauvais.

LES PLAIES SOCIALES.

—

UN REMÈDE.

LA REPRÉSENTATION NATIONALE.

Notre livre, nos cahiers du prolétariat, cette publication d'instruction mutuelle, où nous émettons nos idées pour les étudier, pour les comparer et pour en tirer un enseignement utile dans la pratique de la vie; cette œuvre de progrès pacifique a certainement une très-grande importance.

Là, les prolétaires de toutes conditions peuvent faire connaître leurs vœux et leurs espérances ; ils peuvent réclamer au nom du droit commun, au nom de la justice, les réformes qui leur paraissent réalisables pour améliorer, pour perfectionner notre constitution sociale.

Nous devons franchement et simplement exposer nos principes, nos revendications, chacun à notre point de vue, en traitant le sujet qui nous est familier avec l'amour de la vérité et du bien-être général, laissant à l'opinion publique toute liberté d'appréciation.

Notre public sera restreint d'abord, mais il s'étendra

bientôt, car chacun de nous est un apôtre de l'idée nouvelle, c'est-à-dire de l'égalité de tous les citoyens, n'ayant entre eux d'autre différence que celle qui résulte du savoir et de la vertu.

Nous travaillons à obtenir ce résultat, et nous l'obtiendrons en nous instruisant et en nous rapprochant les uns des autres, pour nous soutenir réciproquement dans notre lutte contre les priviléges, contre les abus, contre les préjugés établis : trois choses absurdes, et qui ont cependant une grande force de vitalité, parce qu'elles existent depuis longtemps.

Le plus puissant moyen de rétablir la justice dans notre société, est de faire une bonne représentation nationale. Nous reviendrons très-souvent sur ce sujet, qui a une importance capitale.

En effet, la représentation nationale, dans des conditions parfaitement justes, c'est la révolution sociale pacifique.

Car, la représentation équitable, c'est la représentation proportionnelle et directe de tous les intérêts nationaux : c'est la justice en action.

**
* *

En prenant des nombres pour fixer les idées, la représentation de l'agriculture, c'est-à-dire les communes rurales, devront avoir 400 représentants pris, autant que possible, parmi les petits agriculteurs.

L'industrie, c'est-à-dire les villes, devront avoir 200 représentants, pris parmi les ouvriers et les petits commerçants.

Les intérêts aristocratiques auront 100 députés sur 700. J'appelle aristocratiques les intérêts respectables en dehors de l'agriculture et de l'industrie.

Ne criez pas contre ce classement : ce serait la véri-

table représentation nationale, celle qui peut nous donner le progrès et la paix sociale.

Il y a assez longtemps que les privilégiés font des lois
pour eux, votent des budgets qui leur sont profitables, et
disposent du peuple comme d'un troupeau que l'on peut,
que l'on doit tondre ras.

Il faut que les classes disparaissent, et pour les faire
disparaître, il ne faut plus considérer les hommes par
leurs côtés brillants, mais par leurs solides vertus.

Il faut mêler, dans notre représentation nationale, tous
les hommes doués d'un jugement sain, d'une grande
probité, d'un grand amour de la vérité et de la justice.

Ces hommes donneront à tous une éducation civique
égalitaire, à chacun une instruction suivant ses facultés.
Ils réformeront les mœurs et travailleront, sans relâche,
au perfectionnement de l'espèce humaine et à son bien-
être.

*
* *

Le mode d'élection de nos députés est très-vicieux ;
permettez-moi de vous indiquer un moyen de mieux
faire : nous l'avons mis en pratique partiellement à
Paris, ce moyen, à l'occasion de l'élection sénatoriale de
1876, nous prolétaires, à la recherche d'un candidat
ouvrier.

Nous avons fait imprimer des listes portant des noms
de candidats ouvriers, et nous les avons fait circuler
librement dans les ateliers ; les travailleurs indiquaient
leur préférence, sans aucune pression, en écrivant
leur nom et leur adresse dans la colonne qui portait
le candidat de leur choix. Je crois que cette manière est
la bonne.

Si, avant chaque élection, on portait, sur un tableau

placé publiquement dans un lieu fréquenté de chaque commune, tous les candidats présentés par des groupes d'électeurs ; si, un mois avant l'élection, on faisait la liste des candidats pour la répandre et faire choisir les candidats par chaque électeur, en apposant sa signature vis-à-vis le nom préféré, on saurait pour quels hommes se prononce l'opinion publique, et cette manière large de consulter les citoyens vaudrait mieux, certainement, que les comités et autres moyens de pression, qui diminuent beaucoup les avantagements du suffrage universel.

Nous avons aussi pratiqué une autre mesure démocratique : en adoptant le sou de l'électeur, payé par chacun, pour subvenir aux frais de l'élection.

Je rappelle avec complaisance ces procédés, parce que je crois que nous avons eu là une heureuse idée, que la démocratie ferait bien d'adopter.

Ce serait un moyen de produire les hommes qui restent à l'écart, et l'on pourrait ainsi faire arriver au parlement cette représentation proportionnelle dont je viens de parler.

Il est de la plus haute importance pour nous, malheureux exploités, de prendre largement notre place dans la représentation nationale.

Repassons ensemble les partis qui sont dans l'assemblée ; et voyons si le peuple est sérieusement représenté.

Les bonapartistes ont l'audace de se dire les représentants de la démocratie ! Nous savons par le 18 brumaire, par le 2 décembre et par le résultat des deux empires, ce que la France doit à ce parti ; nous espérons bien n'être plus sauvés par ces gens-là, car nous ne pourrions plus nous relever.

Les légitimistes sont un anachronisme dans la Chambre, ils ne représentent pas le pays, qui ne veut de l'ancien régime à aucun prix ; ils sont là, je ne sais ni pourquoi, ni comment?

Les orléanistes, Caméléons politiques, libéraux au besoin (en apparence bien entendu), sont soutenus par les intrigants et par certains bourgeois ignorants et peureux.

Les députés du centre gauche sont pour la plupart des monarchistes ralliés à la République conservatrice, qui reviendraient facilement à la monarchie si le vent politique tournait de ce côté. La présidence du duc d'Aumale ne les effraierait pas, au contraire.

La gauche se compose de députés bourgeois, qui trouvent le gouvernement de la République bourgeoise le *nec plus ultrà* de la perfection ; ils ne se prêteront pas d'enthousiasme aux changements, que la force des choses les obligera d'opérer dans la machine gouvernementale.

Quant aux radicaux, ils iront bien jusqu'à certaines améliorations politiques, mais ils résisteront autant qu'ils le pourront à cette transformation sociale que nous voulons, nous socialistes.

Il faut donc que le peuple comprenne bien que le mot socialiste n'a rien d'effrayant. Nous aurons le socialisme en action lorsque nous aurons, dans l'assemblée nationale, 400 représentants des intérêts des communes rurales, et 200 représentants des communes urbaines, sur 700 membres formant cette assemblée ; alors les abus, les priviléges, les prejugés auront disparu ou seront bien affaiblis.

*
* *

On cherche à nous faire croire que la fièvre électorale est dangereuse et qu'il ne faut pas faire revenir les élections trop souvent.

Je dis, moi, que les luttes électorales sont très-favorables à l'éducation civique du peuple, et qu'il faut tout faire pour obtenir le renouvellement annuel de nos députés et de tous nos représentants à tous les degrés.

Le renouvellement annuel vaut infiniment mieux que le mandat impératif. Ce mandat ne produirait que promesses et mensonges : c'est un moyen de duper les électeurs.

Croyons à la parole de l'honnête homme. Quant à celui qui nous trompe, jugeons-le à l'œuvre. A la fin de chaque année, nous donnerons au premier nos suffrages, afin qu'il puisse continuer à défendre les intérêts de la justice ; au second, nous donnerons un successeur plus digne de notre confiance.

Qu'ils sont petits et mesquins les motifs intéressés de ceux qui veulent écarter la fréquence des élections ! — La fièvre électorale une fois par an, — quel péril !...

— Perte de temps. — Pauvres gens !

— Les hommes seraient toujours neufs et peu au courant des affaires.

— Mais hommes de mauvaise foi, puisque les bons seraient conservés, pourquoi regretter les mauvais ?...

Il n'y a pas d'objections sérieuses contre cette manière de faire ; il y a seulement en cause des intérêts égoïstes ; on craint le contrôle effectif ; on craint le développement de la raison publique.

Sous ce rapport les dirigeants ont raison, car ils perdraient toute leur importance et tous leurs priviléges.

*
* *

Le mal n'est pas tout du même côté, et puisque nous sondons les plaies sociales, nous devons le faire sans faiblesse et sans trop de ménagements, tant pis pour ceux qui se reconnaîtraient dans ce que j'écris.

Il y a beaucoup d'intrigants bourgeois peu recommandables, mais il y a aussi dans le prolétariat pas mal d'individualités funestes.

Ce mal doit être courageusement combattu, car le prolétariat, qui doit prendre une place prépondérante dans la politique de l'avenir, ne doit pas hériter des vices de la bourgeoisie.

N'acceptons pas les hommes doubles dans leur vie et dans leurs discours. Ne remplaçons pas le jésuitisme clérical par un certain jésuitisme laïque et même socialiste en apparence.

Un esprit droit et juste, — un cœur généreux dans le sens social du mot, — sera toujours un bon choix à faire dans nos élections démocratiques.

Eugène Chevallier.

LA VIE PRIVÉE DES HOMMES PUBLICS.

On dit souvent : Respectez l'habit, en parlant d'un prêtre ; on dit aussi en parlant d'un homme public : Ne recherchez pas les actes de sa vie privée.

Il ne faut pas une grande pénétration pour découvrir qui a répandu ces fausses maximes dans le monde, et qui les a maintenues dans la morale pratique, comme articles de foi.

Cependant, s'il y a quelque chose d'absurde dans les préjugés établis, c'est assurément le respect de l'habit, le respect de la vie privée d'un homme immoral.

Lorsque Guilloutet et compagnie ont voté la fameuse loi dont nous parlons, ils obéissaient à une nécessité devenue urgente. La haute société impériale avait besoin de cette loi, qui donnait à ses turpitudes une certaine sécurité.

Mais aujourd'hui, que nous devons nettoyer les écuries d'Augias, il faut démolir le mur qui cache la vie privée de nos hommes publics, afin de nous donner les moyens de les bien connaître.

Lorsque nous avons besoin d'un auxiliaire, pour n'importe quoi, un domestique, une servante, un employé, etc, nous recherchons ses antécédants, nous voulons savoir ce qu'il a été, et il n'obtient notre confiance qu'après cette enquête.

Ce que nous faisons dans ce cas semble tout naturel, et personne ne le trouve mauvais ; on nous approuve, et l'on dit : que nous avons une sage prévoyance.

Au contraire, quand il s'agit des affaires publiques, nous sommes d'une imprévoyance extrême. Un homme se présente, qui est peu connu; il nous fait de belles promesses : c'est assez ; nous l'acceptons sans nous enquérir de sa vie privée, sans avoir une idée exacte de la valeur morale de cet homme.

Les conséquences de notre légèreté, en ce point, sont pourtant extrêmement graves ; car c'est ainsi que nous sommes mal administrés, mal jugés, mal gouvernés.

C'est ainsi que nous n'obtenons aucune des réformes promises, et que nous tournons dans un cercle vicieux ; nous laissant docilement tondre par ceux qui devraient travailler à notre bonheur.

Si nous étions des citoyens graves, puisqu'il s'agit d'intérêts sérieux, nous ferions tous en sorte de bien connaître les hommes administrant les affaires ; nous ne donnerions jamais un suffrage inconscient.

Et nous n'aurions plus de ces déceptions énervantes, qui se produisent fréquemment. Nous n'aurions plus à apprendre trop tard, ce que nous aurions pu connaître en temps convenable.

Demandons donc l'abrogation de la loi Guilloutet, et, dès maintenant, faisons nous-mêmes notre police, pour connaître et pour juger tous ceux qui nous gouvernent.

Ensuite, sans colère, sans haine, sans autre passion que celle de la vérité, exécutons les indignes : c'est ainsi que nous aurons une bonne administration, et par conséquent, les améliorations sociales que nous réclamons au nom de la justice.

Mme E. R.

LA JUSTICE.

Deux hommes, le même jour, tirent des coups de révolver sur un de leurs semblables. L'un le premier venu : on le condamne aux travaux forcées ; l'autre est substitut : on le condamne à cinquate francs d'amende.

MAITRE Z.

(*Dossier de la Magistrature*, p. 204). (1)

POLICE SECRÈTE.

Une institution monarchique qui dure encore va, je l'espère, cesser d'exister bientôt ; c'est la police secrète.

Comprenez bien l'immoralité de cette institution, cher lecteur : Vous êtes dans une réunion d'amis, vous parlez à cœur ouvert parce que vous croyez que tous

(1) En vente chez M. MARPON, galeries de l'Odéon, à Paris. Prix : 3 fr. 50.

ceux qui sont présents vont prendre vos paroles en bonne part, comme vous les dites, franchement et sans retenue, le mot allant même quelquefois au-delà de votre pensée.

Eh bien, sans que vous vous en doutiez, il y a un homme payé sur les fonds secrets qui épie vos paroles, qui vous excite afin de vous compromettre et qui a pour devoir de mettre la division dans votre réunion d'amis.

Nous ne pouvons plus douter qu'il en est ainsi dans toutes les réunions populaires, car nous venons d'avoir la preuve que l'un des secrétaires du congrès ouvrier de Paris et de Lyon était un mouchard. (1)

Au congrès ouvrier de Lyon, un journal démocratique de Paris croit envoyer un reporter honnête homme à ce crongrès : c'était un mouchard. En combien de circonstances, avons-nous été ainsi traqués par des agents secrets de la police, sans nous en douter.

Rappelez-vous la division introduite parmi les ouvriers de Paris, lorsqu'il a été question, en 1876, de la candidature d'un ouvrier au Sénat. Le même homme, qui vient d'être exécuté comme mouchard, cherchait alors à persuader aux travailleurs qu'ils ne devaient pas s'occuper de l'élection sénatoriale, sous prétexte que le Sénat est une mauvaise institution, comme si ce n'est pas une raison de plus pour s'en occuper.

Plus récemment, ce même individu, écrivait dans un journal un article perfidement dangereux, pour en compromettre l'existence. — Il se fourrait partout, cet être doucereux, il était toujours disposé à tenir la plume de secrétaire, afin d'être mieux et plus sûrement renseigné.

____

(1) Je suis l'ennemi déclaré des attaques personnelles, mais en cette circonstance il m'a paru absolument nécessaire de sortir de ma réserve.

Tant qu'il y aura des fonds secrets, pour payer la police secrète, Prolétaires méfiez-vous des hommes qui vous caressent et qui vous flattent, ce sont des ennemis.

Le Directeur des Cahiers du Prolétariat,
Eugène CHEVALLIER.

REVUE RÉTROSPECTIVE.

Nous mettrons dans chaque livraison de nos cahiers quelques pages rétrospectives écrites par des hommes politiques, il y a trente ans, laissant à nos lecteurs le soin de juger si ces citoyens sont restés conséquents avec eux-mêmes.

E. C.

EXTRAIT de l'*Almanach des Proscrits,* pour l'année 1850 :

LETTRE D'UN PROSCRIT
A SES FRÈRES DE L'ARMÉE.

—

Londres, le 8 octobre 1849.

FRÈRES,

Puissent ces lignes parvenir jusqu'à vous, et, sans vous exposer aux vengeances aussi *honnêtes que modérées* du parti de l'*ordre ;* vous transmettre, avec mes paroles de sympathique amitié, le rayon d'espérance qui, en dépit des brouillards de la Tamise, vient réchauffer mon cœur.

Elles vous diront de prendre patience, car le temps

approche, où la sainte cause que nous défendons triomphera définitivement de l'*ignorance* et du *mauvais vouloir*.

A vous donc, amis, qui par votre intelligence et votre instruction, êtes en état d'éclairer vos camarades ! A vous, dis-je, appartient la *noble tâche* de les rendre vos égaux par la raison et le savoir comme ils le sont déjà par leur titre de citoyens.

Cette instruction que vous avez acquise *appartient à tous ;* la société qui vous l'a donnée a le même droit que le laboureur dont la main a confié la semence à la terre. Elle a le droit *d'exiger* que vous lui rendiez au centuple les fruits de la science qu'elle a fait germer en vous.

C'est de vous que ses fils déshérités doivent recevoir la nourriture intellectuelle ; ne la leur refusez pas, vous *commettriez un crime.*

Vous aurez accompli une grande œuvre de *régénération sociale,* quand le dernier soldat aura compris que sa destinée ne doit pas être celle d'une machine improductive, d'un être sans cœur et sans intelligence, qui doit, quand la voix du maître a ordonné d'..... tuer ; fermer les oreilles et les yeux pour ne pas entendre les gémissements de la victime et ne pas voir si cette victime est un père, un frère ou un ami.

Déjà le voile se déchire ; il laisse entrevoir la vérité que nos ennemis cachent avec tant de soin et cherchent vainement à ensevelir sous la souquenille du jésuitisme.

Le temps approche où les bulletins imposteurs, dans lesquels ces Messieurs se décernaient chaque jour des brevets de civisme, seront appréciés de tous à leur juste valeur.

Depuis longtemps l'Europe a jugé ces sauveurs de

République, ces hommes *de bonne foi*, qui, au nom de l'humanité, ont *expédié à Rome*, malgré la volonté de l'Assemblée nationale, malgré le vœu du peuple, l'ordre le plus formel de lancer nos soldats républicains *contre la République romaine*, pour l'égorger sans pitié ni merci, pour tremper dans le sang d'un peuple généreux notre constitution déchirée et le drapeau sans tache dont la France leur avait confié le dépôt.

Espoir, courage et patience, frères ! car nos armes, à nous, sont la *justice et la vérité*.

Avec de telles armes on ne peut succomber ; quelque terribles que soient celles qui nous sont opposées par ces hommes à l'âme corrompue, dont la face blême se cache derrière le masque de l'honnêteté, de l'hypocrisie, et pour lesquels le mensonge et la calomnie sont des moyens honorables.

Oui, je le répète, courage et patience, car la vraie justice ne peut être indéfiniment méconnue, la lumière à jamais voilée, la foi dans le progrès par la liberté, toujours vaincue par le scepticisme et la tyrannie.

Quels que soient les efforts de nos adversaires pour étouffer l'idée en persécutant les hommes, ils échoueront fatalement, car elle grandit *avec ou sans le concours de la volonté humaine*. Sa marche imposante, et le vent révolutionnaire qui souffle aujourd'hui sur la vieille Europe, auront, avant peu, renversé le dernier des trônes et anéanti le *culte du Veau d'or* en même temps que la dernière forme de l'esclavage (1).

Patience donc : déjà la défroque dans laquelle la monarchie se drape encore, tombe en lambeaux et laisse à découvert les plaies profondes, les plaies incurables qui rongent et décomposent ce corps usé, dont

---

(1) La conscription alors complétée par le remplacement et l'obéissance passive.

l'entourage aristocratique ne sera bientôt plus qu'un triste et douloureux souvenir pour la jeune et démocratique Europe.

Alors, frères, plus de grands mots vides de sens, plus de promesses si souvent renouvelées et jamais réalisées ; alors, plus de castes ayant droit d'acheter la liberté d'autrui et de mépriser le malheureux que pousse la misère, quelquefois la faim ou le désir de jouir pendant quelques instants de l'existence, qui jusqu'au moment où il se livre *corps et âme* pour quelques misérables écus, n'a été pour lui qu'un rêve pénible, une mort anticipée ; plus d'enfant obligé de vendre sa liberté pour arracher sa famille des mains d'un créancier impitoyable !

L'*équité* veut que la défense du sol soit un devoir auquel *nul ne puisse se soustraire*, qu'elle soit *organisée de telle sorte que tous* y concourent avec enthousiasme, et *que personne* ne soit privé de sa liberté pour un *laps de temps* plus long que ne l'exige la défense des droits et de la dignité de la patrie.

La République française sera assez forte, quand elle pourra s'appuyer sur les gardes nationales mobiles et sédentaires, et quand elle aura donné l'engagement volontaire et l'élection pour base d'organisation à nos corps spéciaux, à nos cadres d'instruction militaire, etc., etc.

La crainte de l'élection dans l'armée est une chimère, un fantôme évoqué par les ennemis du progrès, auxquels on peut demander si le système électif n'a pas, sous notre première République, doté la France d'un plus grand nombre de héros, bien autrement dignes de ce titre, par le courage et par le talent, que ceux qui sont sortis des salons de la camarilla monarchique, et qui, jusqu'à ce jour, n'ont pour titres sérieux à la reconnaissance du pays que le sang versé sous les murs *de Rome* ou dans les rues de nos grandes cités.

Que la France se souvienne du jour où la patrie fut déclarée en danger ; qu'elle compare ce qu'elle était alors et ce qu'elle est aujourd'hui ! Par ce qu'elle a fait quand les trônes n'étaient pas ébranlés, que les peuples n'avaient pas encore poussé le cri d'indépendance et de liberté, elle saura ce qu'elle peut faire, maintenant qu'il n'en est plus ainsi, maintenant que les rois tremblent devant leurs sujets et que les peuples tournent leurs regards vers nous en nous tendant une main amie.

Ma conviction est que la France, *convenablement organisée*, pourrait lutter avec avantage contre *toutes les puissances* de l'Europe, si elles étaient tentées de se coaliser contre nous, ce que nous n'aurions pas à craindre ; car le jour où la démocratie triomphera en France, elle triomphera dans le monde, et les peuples seront unis par un lien fraternel que nul ne voudra rompre.

E. RATTIER,
Sergent au 48ᵐᵉ de ligne,
Représentant du peuple, PROSCRIT.

LA FAILLITE DE LA BOURGEOISIE.

—

Tous les pouvoirs de l'État sont entre les mains des républicains. Les bourgeois sont les maîtres, aucun obstacle ne gêne plus leur marche dans la voie du progrès ; aucune des réformes sociales annoncées et promises dans des programmes retentissants n'est plus irréalisable ni difficile.

Messieurs les bourgeois, que comptez-vous faire ?

Le peuple attendra-t-il encore vainement ? Sera-t-il

une fois de plus trompé et dupé? Serons-nous témoins d'un nouvel escamotage, d'un nouvel avortement?

Je n'hésite pas à répondre : OUI.

Oui, les classes moyennes qui, depuis 1830 se sont arrogé le monopole gouvernemental, viennent d'attester une fois de plus leur nullité politique, leur impuissance absolue et leur irrémédiable égoïsme !

Sous la monarchie constitutionnelle et censitaire, elles avaient déjà prouvé leur incapacité. Après avoir à deux reprises, en 1848 et en 1870, escamoté à leur profit une révolution populaire, écarté du pouvoir, du parlement, des affaires, avec un soin jaloux, l'immense majorité de la nation, rejeté à l'écart le prolétariat, accordé tout au plus au peuple un jour de souveraineté, en ne lui reconnaissant d'autre droit que celui de choisir ses maîtres, voici que les prétendues *classes dirigeantes* viennent de nous montrer qu'elles ne savent rien diriger du tout.

Ah ! Messieurs les bourgeois, vous avez fermé la porte des deux chambres aux représentants du travail ; vous avez accueilli par des sourires de mépris et combattu à outrance la seule idée des candidatures ouvrières ! Tandis que la monarchique et aristocratique Angleterre, non-seulement ne rougit pas, mais semble fière de compter dans sa Chambre des communes des ouvriers manuels ; tandis qu'elle faisait naguère au cordonnier Odger des obsèques splendides, vous dédaignez, vous autres, ces *nouvelles couches*, et vous les déclarez indignes et incapables de légiférer ! Elles sont pour vous un vulgaire marchepied qu'on repousse de la botte dès qu'il n'est plus nécessaire !

Vous êtes, en vertu d'une sorte de droit divin d'un nouveau genre, vous êtes les *classes dirigeantes*. A vous la science, à vous les lumières, à vous l'expérience !

Nous autres, pauvres diables de prolétaires, nous sommes bons tout au plus à mettre, tous les trois ou quatre ans, vos nobles noms sur un chiffon de papier et à vous donner le pouvoir.

Eh bien, ce pouvoir, vous le possédez depuis trois ans, depuis les élections générales du 20 février 76. Vous avez depuis trois ans une majorité républicaine formidable.

Ce pouvoir, qu'en avez-vous fait ?

Rien !

Je me trompe. Vous avez fait le Seize Mai. Car ce sont vos faiblesses et vos lâchetés, bien plus que les de Broglie et les Buffet, qui ont amené fatalement cette criminelle tentative.

Chassés piteusement par un pseudo-Bonaparte, vous êtes revenus triomphalement le 14 octobre.

Qu'avez-vous fait ?

Rien !

Comme excuse à votre inaction, vous aviez une raison toute prête : le Sénat, et vous nous ajourniez au 5 janvier 79. Cette date devait être enfin la délivrance, l'heure de l'énergie, de l'action et des réformes.

Le 5 janvier est venu, et votre premier acte a été de vous aplatir devant M. Dufaure, dans la lamentable séance du 20 janvier dernier.

— Je ne veux rien faire, je ne ferai rien ! vous disait à deux reprises le président du Conseil.

Et vous lui répondiez :

— Très-bien ! Nous aurions voulu quelque chose, mais, puisque vous refusez, tant pis ! Vous avez, malgré tout, notre confiance.

Comme excuse à votre piteuse attitude, vous alléguiez l'épée menaçante d'un maréchal, brandie par le spectre du coup d'État. Huit jours plus tard, le spectre s'était évanoui, l'épouvantail avait disparu ; un des vôtres trônait à l'Élysée ; vous dominez depuis lors la situation ; qu'avez-vous fait de votre toute-puissance ?

Rien ! Encore rien ! Toujours rien !

Voilà où nous en sommes !

Vous êtes triomphants sur toute la ligne, et vous avouez que vous ne pouvez rien ! ou que vous ne voulez rien !

Cette inaction est l'aveu de votre incapacité. C'est plus encore : c'est la démission officielle des classes dirigeantes, c'est l'abdication de la bourgeoisie : c'est une faillite !

La bourgeoisie, après plus de quatre-vingts ans de souveraineté exclusive, en est arrivée au point de décadence où était tombée la noblesse en 1789.

L'aristocratie décrépite de la fin du dernier siècle en était réduite à ses *petits marquis;* la bourgeoisie dégénérée de 1879 n'a plus que ses *petits crevés.*

La France républicaine est dirigée par un parlement de *gommeux.*

Donc, le règne de la bourgeoisie est fini, irrévocablement fini. La sève est épuisée, il n'y a plus de moelle dans ces os desséchés.

La faillite est ouverte, la liquidation se prépare, et de même que vous nous avez refusé l'amnistie, vos créanciers ne vous accorderont pas de concordat !

A bientôt, à un avenir prochain, l'avénement du peuple qui, depuis près d'un siècle, a bêtement tiré les marrons du feu pour *ces beaux fils aux tricolores flammes, au beau linge, au frac élégant,* que flétrissait au lendemain de 1830 le poète de *la Curée!*

A bientôt le règne du Prolétariat!

Odysse Barot.

LE BIEN PEUT PRODUIRE LE MAL.

—

Est-il avantageux pour un pays d'avoir beaucoup de voies de communication ? certainement.

Les ministres qui portent au budget des sommes considérables pour créer ou améliorer les voies de communication sont donc des hommes de bien, qu'il faut approuver sans réserve ? Halte-là, distinguons. — Qui prendra l'entreprise de ces travaux ? Des capitalistes. — Qui aura de très-grands avantages pécuniers ? Des capitalistes.

Les ouvriers, qui feront ces travaux, y trouveront-ils une part proportionnelle des avantages offerts aux capitalistes ? Non.

Cependant, les ouvriers se donneront beaucoup plus de mal que les capitalistes pour faire réussir l'entreprise ? Certainement.

Est-il juste que ceux qui ne se donneront aucune peine aient tout le profit de l'entreprise ? Non.

Est-il juste que ceux qui font le travail profitent du produit de ce travail ? C'est très-juste.

Donc, nos affaires sont mal administrées : il faut changer de font en comble l'administration de la chose publique.

MORALITÉ.

Les capitalistes, dans notre société moderne, ont tous les avantages ; ils accumulent les richesses du pays dans quelques mains ; ils exploitent les travailleurs, les réduisent à la misère.

1ᵉʳ Résultat.

En augmentant leur puissance, les capitalistes ruineront les petits propriétaires et les petits commerçants qui ne pourront soutenir la concurrence.

2e Résultat.

Troisième résultat à prévoir pour le conjurer : — La grande masse des citoyens, dans un avenir prochain, réduits à un état de souffrance intolérable se révolteront contre l'exploitation et anéantiront les exploiteurs.

Combattons donc dès maintenant l'exploitation de l'homme par l'homme pour éviter une explosion que l'excès du mal rendrait terrible.

V. GENTY.
Tailleur à Paris.

DE L'AFFRANCHISSEMENT DU PROLÉTARIAT.

Pour que les prolétaires soient affranchis de l'esclavage qui les opprime, il faut à mon avis :

1° La liberté de réunion, d'association et de la presse ;

2° L'enseignement gratuit à tous les degrés ;

3° L'impôt unique et progressif ;

4° Le travail rémunérateur assuré à toute personne valide ;

5° La représentation ouvrière.

La funeste loi de 1868, sur le droit de réunion, doit être abrogée, et tous les citoyens doivent avoir le droit de se réunir sans autorisation, pour discuter la marche des affaires publiques, et pour examiner la conduite des gouvernants.

Les associations politiques ou autres sont une nécessité dans une République ; Elles permettent de discipliner les citoyens, de maintenir le bon ordre dans la société.

La liberté de parler et d'écrire, en se perfectionnant par la pratique, servirait efficacement le progrès pacifique et régulier.

*
* *

L'enseignement républicain doit comprendre l'instruction proprement dite. Cette instruction serait donnée à tous de manière à faire sortir de la foule tous les esprits d'élite.

Outre cet enseignement scientifique, les enfants d'un certain âge seraient admis dans les réunions où se discuteraient les affaires publiques ; car, il faut former des citoyens, et nulle école ne vaut, pour arriver à ce résultat, les réunions dans lesquelles on traiterait les questions politiques et sociales.

*
* *

La plus forte partie de l'impôt est payée par les prolétaires sur tout ce qu'ils consomment. L'impôt est progressif en sens inverse ; il faut établir une échelle plus raisonnable.

Si vous prenez beaucoup à celui qui a beaucoup, il lui en reste encore assez ; mais, si vous prenez une partie du nécessaire à celui qui a à grande peine l'indispensable, vous augmentez la misère du pauvre ; donc il est juste de rechercher un impôt unique et progressif.

*
* *

L'ouvrier doit gagner assez, lorsqu'il est jeune, fort et solide, pour satisfaire convenablement aux besoins de sa famille ; il doit en outre pouvoir parer à toutes les éventualités de l'avenir : chômages, maladies, infirmités, vieillesse.

Il doit pouvoir goûter les douceurs de la vie. La société doit assurer le bonheur possible au travailleur honnête et laborieux.

Il y a de grandes difficultés pour régler les questions du travail, je le sais ; les machines aux mains des capitalistes, le travail dans les couvents et dans les prisons sont les principales causes du chômage et de l'avilissement du prix de main-d'œuvre.

Mais, plus les difficultés sont grandes, plus nous devons donner de soin à la résolution du problème ; il vaut bien la peine qu'on s'en occupe, puisqu'une bonne solution nous rendra meilleurs et plus heureux.

*
* *

Tant que les intérêts des prolétaires seront representés au parlement par des députés bourgeois, nous n'aurons aucune réforme vraiment démocratique.

C'est tout simple et facile à comprendre, en y réfléchissant. Pour que nos intérêts soient défendus; pour que les réformes radicales et justes soient entreprises et poursuivies résolûment, il faut que nos députés soient des ouvriers de tous états en majorité dans la Chambre.

Alors, les intérêts ruraux, comme les intérêts de l'industrie et du commerce, seront sauvegardés, parce que les intérêts aristocratiques seront représentés par une minorité.

A l'œuvre donc, prolétaires ; faisons comprendre à tous les travailleurs que pour avoir satisfaction, il faut envoyer aux conseils municipaux, généraux et à la Chambre des députés, des hommes sages et sérieux, pris dans nos rangs.

M. G.
Employé à Laval.

AVANTAGES LES PLUS GÉNÉRAUX
D'UNE LANGUE UNIVERSELLE.

—

L'adoption par les peuples civilisés du globe, d'une langue commune à tous, serait, sans contredit, un fait des plus favorables au développement de la civilisation. On ne peut contester l'excellente influence qu'un événement de ce genre exercerait sur les rapports mutuels qui existent entre les peuples. Il est aisé de concevoir combien les transactions matérielles entre particuliers appartenant à des nationalités différentes, seraient simplifiées et par suite rendues plus nombreuses. De là, un accroissement de bien-être pour les classes industrielles et commerçantes. Au point de vue intellectuel, la réalisation de cet état de choses faciliterait la propagation des idées, la diffusion des œuvres littéraires, l'élargissement des connaissances humaines, et contribuerait ainsi à l'amélioration morale des masses. Au point de vue social, il n'est personne qui n'entrevoit les heureux effets que produirait cette similitude de langage : elle deviendrait un lien nouveau entre les hommes. En rapprochant plus étroitement les peuples, elle tendrait à faire disparaître ces guerres désastreuses qui désolent sans cesse l'humanité.

L'idée que je viens de préconiser, en indiquant les avantages les plus saillants qui résulteraient de son application, a souvent servi d'objet aux méditations des philosophes. C'est à tort que le plus grand nombre s'obstine à considérer cette idée comme une pure utopie, et sa mise en pratique comme une impossibilité. Pour la réaliser, il suffirait que les gouvernements, réunis en congrès, imitent ce qu'ont fait les sociétés scientifiques, et l'Eglise elle-même, dans le but de pouvoir correspondre d'un bout du monde à l'autre, sans se préoccuper de la variété des langues humaines ; qu'ils s'accordent sur le choix d'une langue morte, conciliant autant que possible les divers idiômes, et que dans tous les pays, qui auront adhéré à cette convention éminement philanthropique, cette langue devenue officielle et obligatoire pour tous les fonctionnaires publics, soit enseignée aux enfants, dès leur jeune âge, simultanément avec le dialecte national. Dès lors, après un laps de temps plus ou moins long, il arriverait infailliblement pour l'ensemble des peuples, ce qui s'est produit en France, après l'unification de la langue, unification qui, en supprimant une des principales causes de division entre les provinces, a puissamment aidé à l'affermissement de notre unité politique et à la transformation de la société française en une vaste famille dont tous les membres sont unis par un même sentiment de solidarité.

Emile Syffert.
(Cherbourg)

DE L'UTILITÉ DES RELIGIONS !

—

Comme en fait d'autorité l'abus et la légalité se donnent la main, la soumission exigée se change en oppressions, en injustices, en travaux excessifs.

Or, quel homme pourrait se soumettre aux rigueurs d'un partage si cruel sans une espérance qui lui fasse surmonter les amertumes de son sort, sans une promesse qui fasse contre-poids aux soulèvements d'une juste sensibilité, sans une loi de soumission qui lui fasse accepter sans murmurer tout ce qui peut blesser son esprit, révolter son cœur.

L'imagination des conservateurs ne se trouvant pas assez fertile en expédients pour agir à la fois sur le physique et sur le moral des dirigés, eurent dans tous les temps recours aux religions.

L'Eglise devint l'un des rouages obligatoires de toute machine gouvernementale.

L'Eglise, par l'organe de ses ministres, endort les plaintes des victimes... C'est surtout dans l'inégalité des conditions, dans l'injuste répartition des richesses terrestres, des honneurs, que les religions font merveille.

Aux yeux de ceux qui ont la foi, les maux de ce monde ne sont que des maux passagers, propres à assurer, à ceux qui savent les endurer patiemment, les récompenses de l'autre monde.

L'homme en possession de sa raison, de son bon sens, se révolte contre l'injustice sociale, son humeur fermente.

Les âmes crédules, convenablement manipulées par les prêtres, se soumettent sans murmurer...

Pour elles, le mal dont elles souffrent cesse d'être ce qu'il est ; souffrir ici-bas leur semble un moindre mal que de perdre les récompenses célestes.

Par l'attrait d'un bonheur éternel, les religions flattent l'égoïsme, par les supertitions, elles entretiennent la soumission des ignorants ; par le luxe, l'éclat des cérémonies, elles stimulent la vanité, l'orgueil humain ; et par tous ces moyens, elles retiennent les peuples dans une dépendance idiote.

CH. VERNEUIL,
Typographe.

BUDGET DU PROLÉTARIAT.

I

A la page 64 des *Cahiers du Prolétariat*, nous avons donné l'état social de la population française, sous le rapport matériel.

Il résulte de cet état : Que l'opulence est représentée par trois cent cinquante mille âmes, ou cent mille familles ; la richesse par six cent cinquante mille âmes, ou deux cent mille familles ; l'aisance par six millions d'âmes ou deux millions de familles ; la pauvreté à divers degrés, huit millions de familles.

Dans notre organisation actuelle, la classe pauvre paie la plus grosse part de l'impôt, ce qui est monstrueusement injuste.

Nous allons renverser le problème et donner une solution plus raisonnable.

L'opulence paiera 50 pour 100 de son revenu ; la richesse, 25 pour 100 ; l'aisance, 10 pour 100 ; la pauvreté mitigée, 5 pour 100 ; la pauvreté 2ᵐᵉ degré, 2 pour 100 ; la pauvreté 3ᵐᵉ degré, 1 pour 100 ; la pauvreté 4ᵐᵉ degré, zéro. — L'impôt pris en dehors, de manière à laisser net au contribuable le revenu servant de base.

D'après ce système, nous aurons :

100,000 familles opulentes, revenu moyen 30,000 fr., impôt 50 0/0 sur 20,000 = 10,000 × 100,000 familles............. = 1,000,000,000 de fr.

200,000 familles riches, revenu moyen 15,000 fr., impôt 25 0/0, sur 12,000 = 3,000 × 200,000 familles.... = 600,000,000 —

2,000,000 de familles aisées, revenu moyen 4,400 fr., impôt 10 0/0 sur 4,000 = 400 × par 2,000,000 de fam. = 800,000,000 —

1,000,000 de familles, pauvrete 1ᵉʳ degré, revenu moyen 3,150 fr., impôts 5 0/0 sur 3,000 = 150 × 1,000,000 de familles............. = 150,000,000 —

2,000,000 de familles, pauvreté 2ᵐᵉ degré, revenu moyen 2,040 fr., impôt 2 0/0 sur 2,000 = 40 × 2,000,000 de familles............. = 80,000,000 —

2,000,000 de familles, pauvreté 3ᵐᵉ degré, revenu moyen 1,010 fr., impôt 1 0/0 sur 1,000 = 10 × 2,000,000 de familles............. = 20,000,000 —

3,000,000 de familles, pauvreté 4ᵐᵉ degré, revenu moyen moins de 1,000 fr., impôt, zéro (1).................. » »

TOTAL 2,650,000,000.. 2,650,000,000 de fr.

(1) Il ne faut pas s'étonner de voir figurer parmi les pauvres, un million de familles ayant 3,000 francs de revenu; nous pourrions les appeler

Avantages de ce système. — L'impôt n'écraserait plus le pauvre, et les riches ne pourraient plus accroître indéfiniment leurs fortunes. — Les exploiteurs, ne pouvant plus espérer faire d'énormes économies, laisseraient les travailleurs exploiter eux-mêmes leurs industries à leur profit.

Les familles riches se prêteraient à amortir la dette publique, pour diminuer l'impôt de la moitié environ ; elles favoriseraient le travail, afin que l'aisance générale diminue leurs charges.

L'impôt unique, facile à percevoir, diminuerait les frais de perception de plus de moitié, ce qui procurerait une économie d'environ 150,000,000 de francs.

On détruirait toutes les mesures vexatoires qui gênent notre liberté, qui blessent notre dignité. Les objets nécessaires à la vie n'étant plus imposés, on vivrait mieux et plus facilement. — L'aisance favoriserait le travail, le travail donnerait l'aisance et tous les biens matériels, moraux et intellectuels qui en découlent.

II.

Nous avons fait notre budget d'État ; reste à composer le budget communal et départemental.

On croit avoir tout dit, lorsqu'on a évalué le budget voté par les députés ; cependant il y a, à côté de ce budget, un complément d'un milliard et demi, à peu près, le budget des communes et des départements.

C'est donc plus de QUATRE MILLIARDS d'impôts que le peuple français paie annuellement.

---

pauvres en habit noir : ce sont ces petits employés, etc., forcés de représenter, dit-on, c'est-à-dire de dépenser, pour paraître ce qu'ils ne sont pas. On pourrait en dire presque autant de ceux du 2me degré. Il est à remarquer aussi que plus on descend, plus les familles ont de membres.

Ce chiffre doit-il être diminué? Non. — Mais la perception doit être changée, et l'emploi des fonds mieux réparti.

Nous avons fait notre budget d'État sur de nouvelles bases. Voici ce que nous proposons pour formuler le budget des communes (1) :

Là encore, nous mettons un impôt unique, et nous l'établissons facilement, par une taxe progressive sur les héritages.

Sans nuire au bien-être de la classe moyenne, prendre à l'opulence pour favoriser la pauvreté, telle est la solution de notre problème.

    100,000 familles ont un revenu de 3 milliards.
    200,000   —   —   3 milliards.
    2,000,000   —   —   8 milliards.

Les 100,000 familles qui ont 3 milliards de revenu ont 60 milliards de capital. La vie moyenne étant de 40 ans, c'est, pour cette catégorie, 60 milliards à hériter, moitié par les parents, moitié par les communes ; — 30 milliards pour les communes en 40 ans ou, par an, 750 millions de francs.

A la deuxième catégorie de fortunes, on ne prendrait que 25 0/0 du capital, qui est le même, l'impôt annuel serait donc de 375 millions de francs.

La troisième catégorie a 8 milliards de revenus, 160 milliards de capital, en payant 10 0/0 d'impôt, c'est-à-dire 16 milliards en 40 ans, ou par an 400 millions. Total de l'impôt 1 milliard 525 millions payés par 2 millions 300 familles, — resterait environ 8 millions de familles exonérées de cet impôt.

Dans la première catégorie, la moyenne de chaque héritage serait de 600 millé francs, dont moitié

<hr>

(1) Je confonds intentionnellement, sous une même dénomination, les budgets des départements et des communes.

pour l'impôt ; il y a 2,500 de ces héritages chaque année.

Dans la deuxième catégorie, la moyenne de l'héritage est de 300 mille francs, dont 75 mille pour l'impôt ; il y a 5,000 de ces héritages chaque année.

Chaque héritage de la troisième catégorie serait de 80 mille francs, dont 8 mille pour l'impôt ; il y a 50 mille de ces héritages par an.

Dans l'un comme dans l'autre de ces deux impôts, qui ensemble feraient plus de 4 milliards, la classe moyenne ne serait pas maltraitée, et la classe pauvre serait exonérée.

Les grandes fortunes seules seraient atteintes, ce qui serait non-seulement juste, mais très-avantageux à l'ordre social, puisqu'il ne pourrait plus se former de ces fortunes colossales, qui ruinent les démocraties en détruisant les principes d'égalité et de solidarité nécessaires au bien-être de tous.

OBSERVATIONS.

Nous avons pris des chiffres pour mieux fixer nos idées, mais ces chiffres ne sont pas absolus. Nous avons voulu établir cette vérité : c'est que 300 mille familles possèdent un revenu de six milliards ; qu'en payant un impôt direct de un milliard six cents millions, la moins riche de ces familles aura encore un revenu net de douze mille francs ; qu'en prenant, à la mort de chaque chef de famille, une partie de l'héritage, il restera plus de 200 mille francs à la famille la moins favorisée de cette catégorie.

Quant à la classe moyenne, elle ne paierait pas plus d'impôt qu'elle en paie aujourd'hui.

C'est la classe pauvre qui serait dégrévée, et l'on ne

verrait plus cètte chose révoltante : *Ceux qui n'ont pas de pain payer plus de cent francs d'impôts indirects par an.*

EUNÈGE,
Ancien employé à Mirebeau (Vienne).

UNE SOLUTION RADICALE DE LA CRISE SOCIALE.

—

§ III

ORGANISATION DE LA PROPRIÉTÉ COLLECTIVE.

La somme des richesses naturelles et de celles acquises à la masse par la mort des producteurs, est plus que suffisante pour assurer à chacun le minimum des moyens d'existence selon les données de la science.

Si on organisait cette somme de richesses en propriété collective, et si on distribuait chaque année, à titre de rente incessible et insaisissable, le revenu net divisé en autant de parties égales qu'il y a de majeurs ou de mineurs dans la société française, il est évident que tous seraient à l'abri des atteintes de la misère et que chacun jouirait de la plénitude de sa liberté individuelle et d'un équivalent possible au droit naturel et primitif, mais impraticable, de cueillir. La loi reviendrait alors dans la pureté de sa mission, en limitant son action à régler, à distribuer, au lieu de créer ou de détruire.

Il est bien entendu dans le système socialiste que la connaissance des lois qui régissent la matière première (la science), est inséparable du droit de tous à cette matière première : aussi l'enseignement donné par l'État

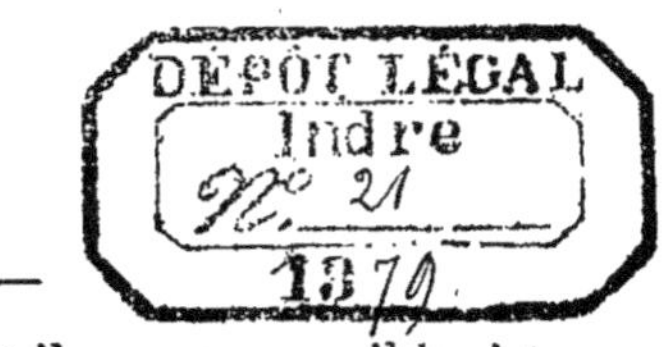

sera gratuit à tous les degrés, et il sera accessible à tous, puisque chaque individu sera pourvu chaque année par sa portion de revenu net d'une pension alimentaire.

Avant de m'étendre davantage sur cette idée de propriété collective, je ferai remarquer qu'on ne peut accuser les socialistes d'injustice ou d'oppression, puisqu'ils ne demandent absolument rien pour eux qu'ils ne veuillent accorder à tous les autres hommes.

La propriété collective remise aux mains de la nation comprendrait le sol ou la matière première, avec toutes les installations qui en immobilisent quelque partie, en un mot, toute la fortune immobilière.

Le pouvoir, émanation de la volonté nationale, gérerait sans avoir le droit d'exploiter autre chose que les services dits d'intérêt public.

Le citoyen désireux d'augmenter son bien-être par le travail, deviendrait fermier de la nation en se rendant adjudicataire, aux enchères publiques, de baux dont les charges seraient en rapport avec ses aptitudes et sa constitution.

Les recettes nationales proviendraient de l'exploitation des services d'intérêt public et des fermages payés par les citoyens ; les dépenses seraient limitées aux frais d'entretien des immeubles et à la rétribution des fonctionnaires publics ; l'excédant des premières sur les secondes constituerait le revenu net destiné à être distribué chaque année en portions égales à tous les citoyens majeurs ou mineurs, valides ou invalides.

Alors, plus d'impôts directs ou indirects, le fermier, sans autre souci que de payer son fermage, éviterait toutes les pertes de temps que lui imposent ces formalités administratives ou fiscales inséparables de la plus petite affaire.

L'homme laborieux aurait ainsi la jouissance entière

des résultats de son travail, et sa liberté individuelle n'aurait d'autre limite que là où elle commencerait à empiéter sur celle d'un autre homme.

Avec la disparition de la misère serait close l'ère des révolutions incessantes qui ont toujours été et seront toujours exécutées par les misérables, dès qu'ils se sentiront assez nombreux ou assez forts pour se soustraire aux conséquences de leur situation économique.

Le moment ne serait-il pas venu d'arrêter le pouvoir dans sa marche vers un but inique, immoral, qui consiste à prendre l'individu pour l'unité soumise à l'unité d'impôt ?

Une comparaison vulgaire, mais qui me semble opportune, fera bien comprendre toute l'iniquité des impôts de consommation.

Un boulanger en me fournissant, contre espèces, mon pain quotidien, c'est-à-dire en me rendant un service en échange d'un salaire, m'empêche de mourir de faim. Supposons qu'il me plaise de m'insurger contre cette loi d'économie générale, « *Tout service mérite salaire* », de refuser à mon boulanger non-seulement sa rémunération, mais d'ajouter à ce refus la prétention de me faire donner quelque chose avec mon pain, par exemple dix centimes, de le contraindre par la force à se rendre à mes exigences, je me heurterais alors à des agents de la force publique, puis à un juge qui me condamnerait comme voleur, un bon avocat réussirait peut-être à me faire passer pour aliéné, et, si j'évitais la prison, je serais au moins enfermé à Bicêtre.

Eh bien, recueillez-vous, législateurs ! ne faites-vous pas chaque jour au prolétaire père de famille ce qu'il serait injuste, inique, qu'un particulier fît à son boulanger. Ne parlez pas autant de votre amour de la liberté, de l'égalité, de la fraternité, de la religion, de la propriété, de l'ordre, de la famille, mais conformez davantage vos lois aux enseignements qui découlent de la froide analyse de ces diverses composantes de la société !

L'excès d'amour qui conduit au viol fait mettre le violateur hors la loi commune !

Le père de famille est bien le boulanger de la société qui serait bien vite anéantie, sans le pain journalier, l'enfant, dont elle fait une si effrayante consommation quotidienne par le mal de misère, conséquence de la mauvaise répartition des richesses naturelles que vous avez le cynisme de dire publiques lorsqu'elles sont la proie d'un petit nombre.

Quelques-unes de vos fortes têtes semblent s'émouvoir d'un autre mal, la guerre, qui par ses massacres périodiques vous prive à l'improviste d'un aliment parfait, du travailleur adulte, sain et bien constitué... Leurs éloquentes déclamations sur les bienfaits de la paix impressionnent une partie du prolétariat qui, pour son malheur, plus généreux que pratique, aveuglé par le désir de faire du bien, ne s'aperçoit pas qu'on le dirige vers un but qui ne peut être encore le sien ; en effet, les hécatombes quotidiennes du mal de misère sont infiniment plus meurtrières que les hécatombes périodiques de la guerre ; puis, les premières sont le résultat de vices intérieurs dont chaque société isolée peut être maîtresse lorsqu'il lui plaira, tandis que les secondes sont les conséquences de faits internationaux qu'il est chimérique de vouloir dominer lorsqu'on a la peste chez soi...

Ce n'est pas la ligue de la paix qu'il nous faut, prolétaires ! D'abord, la ligue de la misère, elle seule est opportune, elle est indissoluble par sa nature, plus on la décime, plus elle devient nombreuse. Il en sera ainsi jusques au jour où, satisfaite par l'organisation sociale, elle aura disparu d'elle-même.

Bourgeois, vos religions nous disent : Dieu bénit les nombreuses familles ; vos législateurs, vos philosophes, vos économistes sophistes à la mode affirment avec raison que l'enfant est le capital de la société ; aussi comme ils s'exclament à chaque nouveau recensement qui constate une diminution dans les naissances.

Vos paroles sont d'or ! Mais les faits? les lois? les impôts sur les matières alimentaires? Que ces derniers s'appellent impôts directs, indirects ou octrois, ils n'ont pas d'autre traduction que celle-ci, dans les centres importants comme Paris où chaque individu vous paie, annuellement par l'octroi, pour son droit à la vie, une somme moyenne de 178 francs : brave ouvrier, honnête garçon, tu te maries, tu suis les inspirations d'une saine morale, c'est très-bien ! tu paieras à l'avenir 50 centimes par jour pendant toute la vie de ta femme ; tu fais un enfant, bravo ! tu paieras 25 centimes en plus par jour pendant quinze ans au moins ; tu en fais deux, tu mérites de la patrie ! tu paieras le double ; tu en fais trois, Dieu te bénit, les économistes t'admirent ! tu paieras triple, etc. Et tu paieras si tu veux manger... Monstrueuse erreur ou monstrueuse infamie, suivant que vous avez ou que vous n'avez pas conscience de vos actes...

Bons bourgeois, ayez donc la bonhomie de vous étonner de ce que le prolétaire n'est pas satisfait, de ce qu'il ne cesse de poursuivre, malgré toutes les illusions et les erreurs inséparables de la recherche de la vérité, une solution pouvant le racheter de toutes les misères inhérentes à sa classe. Sa dernière trouvaille est la propriété collective, laissez-le donc l'étudier, en peser les avantages et les inconvénients, enfin la soumettre librement aux discussions des intéressés.

L'organisation de la propriété collective serait facilitée en laissant à chaque commune la gérance de sa fortune immobilière : cela reviendrait à diviser la France en 35,000 grandes propriétés, et il se passerait dans chacune ce qui se passe déjà dans quelques-unes, où un seul individu est propriétaire de la fortune dite publique.

Chaque commune verserait dans les caisses de l'administration centrale les fonds provenant des fermages diminués des dépenses de gérance, comme un gérant d'immeubles verse les loyers dans la caisse d'un propriétaire.

Cette organisation de la propriété collective ne pourrait produire une perturbation économique générale, parce que les modifications qui en seraient les conséquences atteindraient une fraction relativement faible de la totalité des propriétaires français.

Beaucoup d'orateurs parlent bien haut de cette nation de propriétaires ; certain, en chiffre rond, en a trouvé 24,000,000 ; la vérité est que, sur 10,000,000 de cotes foncières par exemple, 9,000,000 sont au-dessous de 20 francs ; 540,000 au-dessous de 100 francs ; 460,000 au-dessous de 500 francs, et 16,000 au-dessus de cette somme.

Comme il est certain que, par la propriété collective, une famille composée de cinq membres aurait, par sa seule portion du revenu net, une aisance supérieure à celle dont jouit une famille analogue payant actuellement 100 francs d'impôt ; il faut donc reconnaître qu'un vingtième seulement des propriétaires français aurait sa situation amoindrie par cette mesure.

Est-il juste et raisonnable de continuer à sacrifier le bien-être matériel des dix-neuf vingtièmes des propriétaires et celui de tous les prolétaires qui ne possèdent rien aux jouissances outrées de l'autre vingtième ?

Le sacrifice inverse serait plus rationnel, si sacrifice

il devait y avoir ; mais les socialistes, pénétrés de ce principe de morale universelle (*ne pas vouloir pour soi ce qu'on ne veut pas accorder aux autres hommes*) demandent une loi égalitaire suivant les données de l'économie positive ; aussi ne cherchent-ils point à accaparer pour eux la propriété immobilière qu'ils contestent à la bourgeoisie opportuniste.

Ils veulent, pour chacun ou pour tous, la certitude du pain quotidien, afin d'avoir par elle la liberté dans le travail, la jouissance entière de leur liberté individuelle avec la possibilité de profiter des résultats de leurs efforts.

On dit au prolétaire : MEURS OU VÉGÈTE EN TRAVAILLANT !

Le prolétaire répond : VÉGÈTE OU JOUIS EN TRAVAILLANT.

§ IV

DE L'ACTION SOCIALISTE.

Des socialistes nous reprocheront peut-être notre manière de poser la question sociale : ils prétendront que nous aurions mieux fait de nous attacher à une partie du système général. Nous répondrons que nous n'avons pas voulu diviser la question, pensant que chacune des subdivisions demanderait les mêmes explications théoriques et positives que l'ensemble, et qu'il est aussi difficile, même plus difficile, de faire prévaloir une partie du programme que le programme entier, parce que l'argument le plus décisif, le plus opportun, le plus propre à amener des adhérents, le plus en rapport avec l'état moral et scientifique de la masse des prolétaires, *le seul qui ait été, de tout temps, l'inspirateur des révo-*

lutionnaires actifs, celui qui découle de *la satisfaction des intérêts matériels* perd d'autant plus de sa force qu'on divise davantage les revendications socialistes.

Le bien-être pour tous n'est pas possible sans une modification absolue des lois qui règlent la distribution des richesses naturelles.

Il faut que tous les prolétaires sachent bien que, en adoptant ou en rejettant le programme du socialisme radical, ils adoptent ou ils repoussent la réalisation positive et matérielle du droit de tous à la matière première; par suite la liberté dans le travail partie essentielle de la liberté individuelle.

Par les socialistes radicaux les prolétaires arriveront au bien-être, pourvu qu'ils aient la suprême énergie que devrait leur inspirer leur situation d'exploités. Qu'ils disent aussi nettement que nous même : « nous sommes le » plus plus grand nombre, nous avons tous un intérêt » immédiat à réaliser la solution proposée par les socia- » listes, puisqu'elle nous donne le bien-être et la liberté » dans la limite possible. » « Cette unique considération » dégagée de toute raison théorique » « nous suffit ; » nous ne voulons pas discuter ; nous conformerons nos » votes et nos actes à notre intérêt. »

Nous ne prétendons pas que les prolétaires, en suivant nos inspirations, réaliseraient, au premier choc, leurs légitimes revendications ; notre intention n'est pas de les abuser ; cependant, s'ils savaient être unanimes, ils rapprocheraient l'échéance.

Ouvriers de Paris, ouvriers des grands centres industriels, vous qui n'avez jamais rien gagné aux révolutions dont les habiles vous ont toujours fait supporter les frais, n'hésitez pas à vous ralier au socialisme radical. Croyez-le, lorsqu'il vous dit que le développement de la misère n'est pas le résultat des crises politiques mais de faits économiques généraux dont les bourgeois ne peuvent constater eux-mêmes les causes parce qu'il est de leur *intérêt* de les méconnaître. Profitez de la plus prochaine manifestation du suffrage universel pour vous donner des mandataires selon vos *intérêts*. Commencez à former un groupe de représentants qui trouveront dans les immunités parlementaires les libertés indispensables à ceux qui veulent se consacrer au triomphe d'une idée.

Mais, pour cela, il faut mettre dans le même sac le programme de Grenoble, de Romans, même celui de Belleville. Laissez les Byzantins ergotter sur l'instruction laïque, le cléricalisme, les améliorations progressives, les subventions aux théâtres, etc. ; rejetez aux ventrus les os qu'ils voudraient vous donner à ronger.

Les députés socialistes ne devront pas transiger, ils maintiendront leur programme entier comme les besoins du peuple ; ils ne feront pas de politique, ils s'occuperont uniquement de propagande ; ils seront les apôtres du socialisme, payés et entretenus par les bourgeois dont ils saperont les priviléges, prêchant la croisade du haut de la tribune des maîtres, se servant des colonnes de leur *Moniteur* pour répandre les doctrines socialistes. Lorsqu'ils seront les plus nombreux ou les plus forts ils décrèteront et constitueront immédiatement et sans transition l'organisation nouvelle selon le sens rigoureux de cette formule d'économie générale. « *la propriété, le capital sont les résultats du travail, et ils ne sauraient appartenir à un autre qu'à celui-là même qui a fait le travail.* »

Alors, il sera temps de penser aux grèves, aux banques populaires, à la fédération, aux coalitions, à l'association, à la coopération, autant d'éléments secondaires de la question sociale, quoiqu'en disent et en pensent certains chefs de groupes qui ne comprennent pas ou ne veulent pas comprendre que ces Agents répondent seulement aux besoins des majeurs, tandis que la vraie solution de la crise sociale doit tenir un compte égal des majeurs et des mineurs, des mâles et femelles, valides et des invalides.

Les grèves et les coalitions pourront être nécessaires pour arriver à une juste rémunération des services.

L'association sera indispensable pour activer la production.

La coopération réduira à son mininum le nombre des travailleurs interméd aires entre le producteur et le consommateur, etc.....

Si j'entendais des socialistes demander une mesure de transition, je leur dirai qu'ils ne comprennent pas *leurs intérêts*, que les résultats obtenus par la conciliation seraient nuls, à l'avenir, comme ils l'ont été jusqu'à ce jour.

Que des Légitimistes, des Orléanistes, des Bonapartistes, des Opportunistes surtout se déclarent partisans des transitions, cela se comprend ; ces gens-là qui ont toujours marché directement, sinon ouvertement, vers leur but savent bien que les timides en politique ont toujours été des dupes ; les mots modération, équilibre, pondération ont la même valeur dans leur bouche que les locutions ordre moral, respect des droits de tous, sur les lèvres des de Broglie, Buffet et consorts.

Bourgeois ? avez-vous transigé avec la noblesse et le clergé lorsque vous avez décrété leurs biens propriétés nationales ; encore, avez-vous transigé avec la masse du peuple lorsque vous avez décrété la vente de ces propriétés nationales pour les acquérir contre des assignats sans valeur créés pour votre usage ?

Les socialistes veulent simplement reconstituer la

propriété nationale sans l'arrière-pensée de l'accaparer ensuite.

Vous Légitimistes ? Faisiez-vous de la transition lorsque vous avez ameuté toute l'Europe contre la patrie, soulevé l'Ouest et le Midi contre le gouvernement choisi par la majorité du peuple? Faut-il vous parler de la terreur blanche, des cours prévôtales, du milliard des émigrés, etc. ?

Orléanistes ? Avouez que Philippe-Égalité comprenait bien les moyens de transition lorsqu'il votait la mort de Louis XVI ! Et les journées de juin ! Et le Cens ! Et les 40,000,000, etc !

Le 18 Brumaire ! Le duc d'Enghien ! Les Deux Invasions ! Boulogne ! Strabourg ! Le 2 Décembre ! Les Pontons ! Le Boulevard Montmartre ! Sedan ! Bonarpartistes ? Vous êtes encore les maîtres dans l'art de pratiquer les transitions !

Et vous Opportunistes, les agneaux de la politique ? Commencer au programme de Belleville pour arriver à constituer la majorité et le ministère d'une législature qui n'a pas reconnu aux citoyens la liberté de la presse, la liberté de réunion et d'association ! Vous avez préféré le râtelier du pouvoir aux fatigues de la route ! Vous vous êtes arrêtés en chemin, vous avez perdu un temps que vous ne retrouverez plus..!

Tous, tant que vous êtes, vous avez saisi l'occasion, et lorsqu'elle était trop lente à venir on sait comment vous la faisiez naître. Eh bien, nous socialistes, nous voulons conserver sur vous l'avantage d'être francs, nous vous disons nettement ce que nous voulons, pourquoi nous le voulons, et comment nous l'aurons.

Par le suffrage universel nous arriverons à constituer prochainement un groupe de représentants, ayant pour mission d'activer la propagande et de saisir l'occasion lorsqu'elle se présentera, sinon de la faire naître.

Lequel d'entre vous osera sérieusement nous reprocher de vouloir le socialisme, comme Cassagnac veut l'empire, comme le baron de Lareinty et le cuirassier de Mun veulent la légitimité, comme de Broglie et Buffet veulent l'orléanisme, comme Monsieur Gambetta et ses Opportunistes veulent la République aimable (sans congrès international ouvrier.)

CONCLUSION.

Travailleurs, prolétaires qui hésitez à faire de la question sociale votre préoccupation unique, exclusive de toute autre, celle devant laquelle doivent s'incliner toutes les revendications partielles, si l'étude de votre situation économique n'est pas suffisante pour vous convaincre de l'urgence d'une solution radicale, examinez, de sang-froid, pendant que vous êtes valides, le misérable et horrible sort qui reste le partage de vos femmes et de vos enfants, lorsque vous mourez avant que ces derniers soient devenus adultes.

Faites-vous donc cette interrogation que nul homme de cœur ne peut se poser à lui-même sans éprouver un affreux frémissement : ma femme et mes enfants n'ont que mon travail pour subsister, que deviendront-ils si une mort prématurée me soustrait aux obligations que j'ai contractées en obéissant aux inspirations des lois sociales et de la morale publique ?

Prolétaires, interrogez-vous ainsi, et réfléchissez !

Vous ne sauriez trouver cruel qu'on vous montre les pires conséquences de votre situation économique ; s'il en était autrement, vous seriez lâches en reconnaissant implicitement une impuissance qui n'existe pas.

Mais, vous êtes forts, vous ne craindrez pas de sonder vos plaies ; plus seront grandes vos souffrances, plus vous affirmerez votre volonté de ne plus les supporter ; vous viendrez alors gravement vous joindre aux vaillantes cohortes que guide le drapeau de la Révolution sociale sur lequel est écrit :

*Extinction immédiate et radicale du **Paupérisme**.*

Bourgeois, Prolétaires :

Cela est possible, et cela se réalisera sans violence, si vous avez assez de calme, les uns et les autres, pour comprendre qu'il est nécessaire d'appliquer logiquement les déductions des vérités proclamées par la science.

La Révélation divine s'est effacée devant la science : que les conséquences de la première fassent place aux conséquences de la seconde.

Privilégiés, n'attendez pas pour céder que le prolétariat soit acculé par la misère aux solutions extrêmes. Vous ne sauveriez pas vos priviléges d'un cataclysme et vous supporteriez peut-être plus que votre part d'une catastrophe.

S. Deynaud.

LES PLAIES SOCIALES.

—

L'IGNORANCE.

La plus funeste des plaies sociales, c'est l'ignorance. Les ennemis du peuple les plus redoutables, ce sont les ignorantins.

Détruisons l'ignorance, et nous serons heureux.

Mais comment détruire l'ignorance ? Quels moyens employer pour faire la lumière dans l'âme du peuple ?

C'est difficile. — Oui impossible. — Non.

Que nos gouvernements le veuillent absolument, résolûment et ce sera facile.

Pouvons nous espérer avoir sur cette question importante pleine satisfaction dans un temps rapproché ?

Je ne le crois pas.

Si nos députés avaient voulu nous débarrasser des ténèbres qui obscurcissent notre voie, et nous empêchent de marcher d'un pas régulier sur la route du progrès, ils auraient employé des moyens énergiques et prompts pour détruire la force de nos ennemis.

Mais les républicains conservateurs craignent pour nous, pour nos faibles yeux, une lumière trop éclatante ; ce n'est qu'avec des précautions infinies qu'ils nous laissent entrevoir une très-faible partie de la science.

Quand donc viendra le temps où nous aurons, pour tous indistinctement, l'égalité vraie ? Travaillons pour l'obtenir, car la vie est courte et la misère s'étend de plus en plus

*
* *

Si nos dirigeants étaient à la hauteur des devoirs que leur impose la solidarité, ils feraient de l'instruction et de l'éducation civiques du peuple leur principale préoccupation.

S'ils avaient, je ne dis pas un grand amour de la justice, mais seulement l'intelligence de la situation, l'intelligence de leur propre intérêt, ils feraient sans plus tarder des lois pour ouvrir toutes grandes à nos enfants les portes de toutes les écoles.

Ils ôteraient la direction de nos établissements publics d'instruction, non-seulement à tous les congréganistes, mais encore à tous ceux qui n'offrent pas des garanties suffisantes, et les qualités nécessaires à ceux qui ont pour mission de former des citoyens.

Au lieu de cela, que font nos hommes de gouvernement? Ils diminuent l'influence cléricale en ce qui peut gêner les républicains bourgeois.; quant à nous, pauvres prolétaires, nous avons encore besoin de tuteurs ; on te croit du moins.

Eh ? quels tuteurs avons-nous ? — Pour nous gouverner, des bourgeois égoïstes ; — pour nous instruire, des hommes noirs, ennemis de nos institutions, ou des hommes soumis à toutes les volontés de nos dirigeants.

On prépare une nouvelle organisation de l'instruction primaire, que l'on nous présente comme une réforme presque radicale.

En quoi consiste cette transformation? à favoriser l'instruction laïque au préjudice des congréganistes : très-bien.

Mais, au lieu de faire appel à tous les républicains sages et instruits ; à tous les hommes dévoués aux principes démocratiques, pour leur confier de suite l'éducation populaire, on crée des écoles normales d'où sortiront, dans quelques années, des jeunes gens sans expériences et bien disciplinés, qui supporteront facilement la domination des autorités civiles, religieuses et autres.

Bâtir des maisons d'écoles, grossir le budget de l'instruction, faire des maîtres dociles ; tout cela s'appelle organiser l'instruction du peuple.

Et moi, je dis, tout cela est l'art d'endormir les prolétaires afin de continuer à les exploiter.

C'est de la folie.

A quand la sagesse ?

Eugène Chevallier.
Ancien élève d'une Ecole normale.

OBSERVATIONS.

Je trouve très-bon que l'on bâtisse des maisons d'école et que l'on fonde des Écoles normales ; mais, ce qui est beaucoup plus urgent, c'est le changement d'une grande partie du personnel enseignant dans les écoles publiques de garçons et de filles ; — c'est le changement de l'enseignement lui-même.

Notez-bien que la plupart des réformes, que nous réclamons, doivent profiter aux femmes autant qu'aux hommes ; dans nos cahiers, quand on ne parle pas spécialement des femmes, c'est qu'on généralise, mais elles ne sont pas sacrifiées.   E. C.

LA NAISSANCE DU PAUVRE.

Suivez cette rue boueuse aux maisons lézardées et malsaines ; entrez dans cette allée sombre et tortueuse ; prenez cette corde qui pend le long de ce mur humide ; montez, ne vous arrêtez pas, et tout en haut de cet escalier vermoulu qui craque sous vos pieds, voyez cette porte ; poussez, entrez sans crainte dans ce réduit ouvert à tous les vents, où la pluie et la grêle suintent à travers les crevases du toit : vous êtes dans le logis du PAUVRE.

Là, dans un coin, sur de la paille, à peine couverte par un lambeau troué, la femme du prolétaire se tord et gémit.

Un homme va naître.

Ici, pas de cris de joie qui saluent l'arrivée de l'être attendu.

Tout est morne et silencieux.

Le père est au loin retenu par le labeur du jour. Il faut du pain pour celui qui va naître ; car si la machine vivante s'arrêtait un seul instant, la faim, la hideuse faim frapperait le soir, sans pitié, sans merci, à la porte du grenier.

A peine si une voisine complaisante, aussi malheureuse que celle qu'elle secourt, est là pour recevoir le nouveau-né.

Ici point de linge pour envelopper le corps de la victime.

Pour reposer sa tête, le sein amaigri et sans lait de la mère épuisée.

Plus malheureux que le prolétaire galiléen, que le fils du charpentier, le *Christ* moderne n'aura pas le souffle des animaux pour réchauffer ses membres contractés par le froid.

Le foyer est sans feu.

Mais qu'importe ! paria de la société, voué au malheur par droit de naissance, il est le prédestiné de toutes les douleurs.

Laissez passer le fils de l'homme.

Le fiel et l'hysope doivent baigner ses lèvres au seuil de la vie : au banquet social il n'y a plus de place pour lui.

Jacques Bonhomme.

REVUE RÉTROSPECTIVE.

—

UNE PROFESSION DE FOI.

Ledru-Rollin adressait, en 1841, la profession de foi suivante, à ses lecteurs :

Messieurs,

« En répondant à votre appel, en venant à vous, je

vous dois compte de ma foi politique. Cette foi vive, inébranlable, je la puise dans mon cœur et dans ma raison. Dans mon cœur qui me dit, à la vue de tant de misère dont sont assaillies les classes pauvres, qu'elles ne peuvent-être condamnées à des douleurs éternelles, à un ilotisme sans fin... Dans ma raison, qui répugne à l'idée qu'une société puisse imposer au citoyen des obligations, des devoirs, sans lui départir, en revanche, une portion quelconque de souveraineté.

» La souveraineté du peuple ! tel est, en effet, le grand principe qu'il y a près de cinquante années, nos pères ont proclamé..... ; mais cette souveraineté, qu'est-elle devenue ?... Pour nos pères, le peuple était la nation tout entière, chaque homme jouissant d'une part égale de droits politiques, comme la nature lui a fait une part égale d'air et de soleil... Aujourd'hui, c'est un troupeau conduit par quelques privilégiés... et si ce peuple se lève pour revendiquer ses droits, on le jette dans les cachots.

» S'il s'associe, pour ne pas périr de misère et défendre son salaire insuffisant, on le jette dans les cachots...

» Si, comme à Lyon, dans les jours de funèbre mémoire, il écrit sur son étendard : « *Du pain ou la mort !* » On le mitraille et on calomnie ses restes mutilés.

» Et à ses cris de désespoir, on entend des voix répondre :

» Peuple ! que veux-tu ? que demandes-tu ? n'es-tu pas souverain ? peuple, n'es-tu pas roi ?

» Insultante dérision ! misérable ironie ! Mais soyez convaincu que sa résurrection est proche et qu'il demandera compte de leurs œuvres à ceux qui l'ont méconnu !

» Pour les partis surannés ou bâtards, le peuple n'est

qu'un mot, c'est le comparse de la pourpre théâtrale, c'est l'esclave antique escortant le char du triomphateur...

» Pour nous, le peuple est tout. Soulager ses misères, ses douleurs, voilà notre but. Passer par la question politique pour arriver à l'amélioration sociale, telle est la marche qui caractérise le parti dramatique en face des autres partis...

» La première, la plus capitale des réformes, c'est la révision de l'impôt. La Révolution de 89 en a proclamé l'égalité, mais la pratique donne ici à la théorie le démenti le plus cruel... Direct ou indirect, l'impôt écrase surtout les classes pauvres, son assiette et la proportion dans laquelle il est réparti doivent être changées...

» Il est une autre question d'une plus haute gravité encore, d'où dépend l'avenir des sociétés modernes, la question des salaires...

» Quel est, en effet, celui de nous, qui en parcourant nos cités manufacturières, nos grands centres de population, ne s'est pas senti profondément ému, ému jusqu'aux larmes, à l'aspect de ces hommes privés de toutes jouissances et trouvant à peine, dans le salaire d'un travail sans relâche, de quoi satisfaire à leurs plus impérieux besoins ? de ces jeunes filles, gagnant six sous par jour et réduites à chercher dans une prostitution froide et systématique le complément à la nourriture qui leur manque ? de ces enfants faibles et languissants condamnés à trouver avant l'âge, dans un travail au-dessus de leurs forces, le pain que leur père ne saurait leur procurer ? de ces vieillards trahis par les ans, et à qui on assure un asile qu'après les avoir flétris par la prison !...

» En présence de ces plaies honteuses de notre société, en présence de ces intérêts si légitimes et si sacrés, que fait le Gouvernement ?...

» Dans la Chambre, ce ne sont que des vanités mensongères, que des ambitions privées qui s'agitent et s'entrechoquent... que fait-on pour le peuple, pour cette partie du peuple, manquant de tout, couverte de haillons, qui se presse sur le seuil et frappe à la porte !.. »

Rien.

Le grand Tribun a-t-il fait pour le peuple tout ce qu'il aurait dû faire ? Les circonstances atténuantes peuvent-elles entièrement l'innocenter ?

L'histoire répondra à ces deux questions.

E. C.

AUX GRANDS MAUX LES GRANDS REMÈDES.

Il est des hommes politiques qui s'imaginent pouvoir arrêter toutes les révolutions, par des réformes superficielles ; réformes qui ne font que déplacer le mal.

Est-il rationnel de vouloir guérir au moyen de remèdes empiriques, un malade atteint d'une affection grave qui intéresse la source de la vie ?

Ce n'est pas par des expédients, qu'on détruira les injustices, les iniquités dont profitent les puissants et les habiles, au détriment du plus grand nombre.

La lumière se fait de plus en plus : bien aveugle celui qui ne la voit pas. — Un jour viendra, où le peuple aura conscience de tous ses droits et de tous ses devoirs.

Lorsque cette heure aura sonné, la revendication ne se fera pas attendre. — La loi du progrès est universelle et permanente, tôt ou tard il faut qu'elle s'accomplisse.

Qu'est-ce que l'ignorance pour l'intelligence universelle ?

Qu'est-ce que la superstition pour la raison humaine ?

C'est le règne des ténèbres, c'est la mort morale.

Si le soleil, qui éclaire le monde et le réchauffe, disparaissait, notre globe serait glacé.

Eh bien ! l'ignorance, c'est l'absence du soleil moral, qui doit éclairer, réchauffer, vivifier le monde des intelligences.

Partout, dans la lutte féconde de la paix, comme aux époques néfastes de la guerre, la science conduit le monde, elle le domine.

Peuples, cherchez le royaume de la science, le reste vous sera donné par surcroît.

Ch. Verneuil,
Typographe.

A QUI LA FAUTE ?

—

Avant 89 le peuple n'existait pas, il n'y avait pas de peuple, il n'y avait qu'un troupeau taillable et corvéable payant la dîme et subissant les plus odieuses vexations.

Si les révolutions faites depuis ont mal tourné, à qui la faute ? Ne l'attribuons pas seulement à l'ignorance, car elles sont surtout le fait des hommes qui, comprenant le progrès et connaissant la marche à suivre, n'ont pas mis l'activité nécessaire pour éclairer leurs concitoyens sur les droits acquis et à acquérir, sur les dangers de la situation et sur les piéges à éviter.

D'autre part, les travailleurs, je parle des ouvriers militants, n'ont pas toujours la sagesse de tenir compte de la situation pour en tirer le meilleur parti possible.

C'est un malheur.

En tous cas, nous devons faire taire nos dissentiments, et nous unir tous dans un même esprit pour combattre notre ennemi commun : l'exploiteur.

J. Douvry,
Cordonnier, délégué de la Somme à l'Exposition
Universelle de Paris.

L'INDIFFÉRENCE.

—

L'indifférence des masses pour leurs propres intérêts est un des principaux obstacles à l'avènement des nouvelles couches sociales. — En dehors des grands centres, (il ne faut pas se le dissimuler), le prolétariat, s'il ne se montre pas ouvertement hostile à son émancipation, ne fait rien pour la favoriser. Soit apathie, soit crainte, soit inexpérience, on dirait qu'il s'effraie à la pensée de se gouverner lui-même. D'accord avec ses maîtres, il déclare inopportune et s'abstient d'appuyer toute publication, toute œuvre qui revendique sa participation à l'action gouvernementale. Facile à duper comme un enfant, il semble de même redouter toute préoccupation sérieuse. En vain ses vrais amis lui dévoilent la conduite astucieuse des mandataires bourgeois qui exploitent sa confiance. En vain, ils l'exhortent à briser cette humiliante tutelle et à prendre lui-même la gestion de ces propres affaires ; il les écoute à peine et n'en persiste pas moins dans une coupable inertie.

Que les travailleurs y songent, si cette insouciance de leur part devait se prolonger longtemps encore, elle aurait infailliblement pour la démocratie et par suite pour eux-mêmes, les plus funestes conséquences.

E. Syffert

LES ASSURANCES CONTRE LES ACCIDENTS.

S'il est dans une nation des hommes dangereux, ce sont sans contredit les parasites.

Je ne veux pas faire ici l'énumération de tous ceux qui vivent en exploitant les travailleurs.

Il y en a de toutes couleurs, des noirs surtout, ceux-là sont nombreux et insolents ; mais comme ils sont bien connus, je m'occuperai d'une autre espèce de parasites :

Les compagnies d'assurances contre les accidents.

Tous les ouvriers peuvent se blesser dans l'exercice de leurs professions ; le patron, qui est responsable jusqu'à un certain point, assure ceux qu'il emploie à des compagnies, qui doivent en son lieu et place venir en aide aux victimes du travail.

Mais, le travailleur doit laisser, sur son salaire, entre les mains de son patron 2 p. % pour payer l'assurance.

Ce n'est plus le patron qui indemnise le blessé, c'est le blessé lui-même qui est assuré malgré lui.

Ces sociétés opèrent de la façon suivante :

Elles ont leurs commis voyageurs, leurs représentants, leurs siéges principaux, tout comme une maison d'un commerce honnête ; les commis voyageurs courent les chantiers, les usines, s'informent du personnel employé, puis font, avec ses entrepreneurs, un marché mensuel ou annuel. A partir de ce moment, le patron est déchargé vis-à-vis du travailleur.

Arrivons à l'accident. Les parents de celui qui s'est blessé sur les travaux, avant de toucher le moindre secours doivent courir de 4 à 5 jours pour faire admettre leur réclamation. Après 90 jours de traitement, si l'homme n'est pas guéri, le médecin de la compagnie le déclare, quand même bien portant, et, s'il a un membre de moins, pour obtenir l'indemnité fixée dans le programme de la société, 9 fois sur 10 il est obligé de recourir aux chances d'un procès, qui toujours traîne en longueur; pendant ce procès, on offre au blessé 250 ou 300 francs, comme indemnité définitive, somme que l'invalide accepte assez souvent, pressé qu'il est par le besoin d'argent.

Je ferai remarquer en passant, que ses sociétés anonymes n'ont commencé qu'avec un capital *nominal*, et qu'aujourd'hui, elles sont riches à quelques centaines de millions, pris sous par sous dans la poche des travailleurs. Ce sujet n'est qu'abordé, nous y reviendrons dans un prochain article.

GAYET,
Mécanicien à Grenoble.

LE DIVORCE.

—

Une bonne loi sur le divorce est le complément indispensable du mariage.

L'indissolubilité du mariage est la principale cause du désordre des mœurs.

Quand l'homme et la femme pourront se quitter, dans certains cas déterminés, pour former de nouvelles unions régulières, la moralité publique s'améliorera sensiblement.

Comment peut-on soutenir l'opinion contraire, lorsqu'on voit tant de mariages détruits effectivement, et tant de ménages irrégulièrement formés ?

L'indissolubilité du mariage, et les vœux de chasteté, ces prétendus principes sacrés sont des vertus catholiques très-défavorables au bon ordre social.

Vous invoquez le respect et l'intérêt de famille, hommes des vieilles idées ; mais sont-ils garantis dans le désordre qui existe, et qui s'étend de plus en plus grâce à votre doctrine ?

C'est, au contraire, dans l'intérêt des enfants comme des parents que nous demandons le divorce.

Avec une bonne loi sur le divorce, les mariages se feront d'une manière plus sérieuse et plus convenable.

Nous aurons moins d'enfants naturels, et la position de chacun et de tous sera mieux déterminée.

Cette réforme, combinée avec beaucoup d'autres, contribuera, pour une bonne part, à l'amélioration de la famille, et au perfectionnement du genre humain.

Madame Victorine Barot.

DIVISER POUR RÉGNER.

—

Les satisfaits de l'heure actuelle trouvent que tout va bien, puisqu'ils ont le pouvoir. Ne comptez pas sur leur concours pour vous affranchir, prolétaires qui avez soif de justice et d'égalité ; ne comptez que sur vous-mêmes.

Mais, chose triste à constater, on exploite l'ignorance de beaucoup de prolétaires, on exploite leurs vices pour diminuer la force du prolétariat ; « *diviser pour régner;* » cette maxime machiavélique est encore vraie sous la République.

Au lieu d'instruire et de moraliser le peuple, pour le rendre plus digne d'exercer ses droits et ses devoirs convenablement, on cherche les moyens de le tromper, une fois de plus, en lui donnant des apparences au lieu de réalités,

Recherchons-les nous-mêmes, ces réalités ; nous les trouverons dans l'association ; mais, pour prêcher l'association, nous devons provoquer des réunions, nous devons soutenir les journaux ouvriers et toutes les publications qui défendent les droits des travailleurs.

A l'œuvre, chers concitoyens, unissons nos efforts ; que la devise républicaine : Liberté, égalité, solidarité, ne soit plus de vains mots.

L'ère nouvelle, dans laquelle nous entrons, doit nous donner les moyens de marcher à grands pas, vers le but que nous nous proposons :

La République sociale.

D PRUVOT,
Chaudronnier à Ailly-sur-Somme.

L'ARBITRAGE.

—

L'arbitrage appliqué en matière civile, par un tribunal librement élu, donnerait d'excellents résultats.

Raspail a fait cette proposition il y a plus de 40 ans; on paraît l'avoir oubliée. Je suis bien aise de pouvoir me placer sous un aussi digne patronage.

Je me rappelle avoir vu, en 1845, un commencement d'exécution de ce tribunal à Mirebeau (Vienne).

M. Rousseau Lospois, Conseiller général, avait fait nommer un certain nombre d'arbitres, par toute la population de cette petite ville, pour mettre d'accord, sans frais, ceux qui avaient des intérêts litigieux à régler.

L'autorité gouvernementale d'alors trouva cette intervention inopportune, et s'opposa à l'exercice de ce tribunal de paix.

Nous étions alors en monarchie; nous sommes maintenant en République; serait-on aujourd'hui mieux disposé à laisser faire l'épreuve? J'en doute; mais je voudrais qu'on la tentât.

Par cette simple réforme judiciaire, les trois quarts des procès seraient évités, et les différents très-promptement réglés.

Mais, on aime mieux ruiner les plaideurs, que de nuire aux huissiers, aux avoués et aux autres hommes de la chicane.

EUNÈGE,
Ancien employé à Mirabeau (Vienne.)

LES ÉCOLES D'APPRENTISSAGE.

—

Législateurs!... assez de bonnes intentions... A l'œuvre...

Vos écoles professionnelles d'apprentissage, comme vous les entendez, ne produiront, je vous le repète, que des avortements professionnels, et deviendront des pépinières d'esclaves du monopole Capitaliste...

Cessez de vous rendre les complices, volontaires ou

non, de ce crime anti-social : *Le Monopole industriel*.
A votre insu, j'aime à le croire, les tendances égoïstes
de votre caste se sentent, même quand vous faites de la
philantropie soi-disant démocratique.

Par exemple : dites-nous quelles sont les industries
qui sont représentées dans votre programme d'apprentissage ?..

Ce sont celles qui fourniront à la cupidité des vôtres,
un personnel nombreux et discipliné ; de simples dents
d'engrenage !.. Voilà ce qu'en apparence au moins vous
voulez... Si non ?.. Changez d'attitude et de conduite à
l'égard du Prolétariat.

Ce que nous voulons, nous qui ne voulons plus d'es-
clavages ni de castes :

C'est qu'au seuil de la vie pratique, nos enfants ne
soient plus exposés à se tromper de vocation, dans le
choix de la carrière qu'ils auront à parcourir.

Ce que nous n'admettons pas ; c'est que sans notre
consentement exprès, la Bourgeoisie légifère sur les
syndicats ouvriers, c'est qu'elle tende à forcer la vocation
de ces petits êtres qui nous ont tant coûté de soins, d'inquiétudes et de privations, et dont nous voulons faire
des membres utiles de *l'état producteur*.

Pour ces raisons, nous vous demandons la liberté
dans l'acception la plus largement rationnelle.

Nous voulons aussi l'instruction gratuite à tous les
degrés, attendu qu'il faudra aux syndics de l'avenir une
somme de connaissances que vos normaliens eux-
mêmes ne possèdent pas.

Mais en attendant la génération qui réalisera ce type
idéal du syndic, nous devons nous contenter de l'intelligence naturelle, du jugement droit, du dévouement et
du peu d'instruction, que contre le gré de votre caste,
nous avons pu grapiller.

Dès ce jour, soyèz-en convaincus, ce peu est suffisant pour nous permettre de nous diriger nous-mêmes, et pour vous indiquer, au besoin, la route que nous sommes décidés à vous faire suivre, si vous tenez à l'honneur de nous représenter.

Présentement, nous ne vous réclamons, que *l'abrogation pure et simple de toutes les lois qui, dans l'esprit ou dans la lettre, sont restrictives de notre liberté et contraires par conséquent au principe d'égalité.*

Dans notre intérêt et dans le vôtre, n'hésitez pas à les faire disparaître.

D'autre part nous avons besoin d'espace pour nos syndicats, *j'allais dire pour la bourse du travail, de l'Etat producteur.* Ce n'est pas là à coup sûr ce qui peut vous embarrasser. N'avez vous pas pour Paris, le CHAMP DE MARS et une foule de terrains pouvant y être annexés ?.. (Ici je vous vois sourire... Mais... « rira bien qui rira le dernier. » L'Etat producteur occupera un jour la place où la statue équestre de l'homme *qui disait : L'Etat, c'est moi,* se fait encore admirer des badauds et de la Bancocratie.)

Entendez-vous avec les travailleurs et leurs syndicats pour faire construire, dans ce Champ de Mars qui vous cause tant de tracas, les ateliers syndicaux du noviciat professionnel d'apprentissage, des salles d'études spéciales, des expositions d'outillages, des salles de conférences, des dortoirs-cabinets d'étude, etc., (rien de l'organisation séminariste), des réfectoires, des cuisines, etc. etc., y disposer des jardins, des gymnases, des terrains d'exercice militaire, etc., etc., etc., pour les 150,000 adolescents des deux sexes de **12** à **13** ans, lesquels sont injustement à la charge de leurs parents ; quand en définitif, c'est la société tout entière qui est appelée à bénéficier des produits de leur travail.

Que Diable ! nous vous voyons chaque jour affecter des centaines de millions à des objets d'une bien moindre importance, pour la prospérité générale de la nation et du municipe parisien en particulier.

Je sais pertinemment que vous n'écouterez que votre morgue bourgeoise, quoiqu'aujourd'hui j'ai le droit de vous dire que, si dès le lendemain des Elections de 1849, vous n'aviez pas, dans vos conciliabules, frappé d'ostracisme les enfants du peuple envoyés par lui dans vos rangs, que de bien vous auriez pu faire et que de mal vous eussiez évité ! ne fussent que l'Empire et les désastres de 1870-71.

Revenez à une conduite plus équitable, car si vous le voulez bien, sachez-le, dans moins de dix ans, sauf quelques rares exceptions, vous n'aurez pas un garçon de 14 ans, qui ne soit un écolier instruit, un apprenti d'élite, un bon gymnaste et un élève soldat-citoyen, qui pourra en remontrer à la plupart des grognards touchant à la retraite.

Encore une fois et pour conclure, je ne veux pas oublier de vous dire que vos écoles professionnelles d'apprentissage n'atteignent pas le but visé, lequel est et ne peut être qu'un moyen de faire éclore et de développer librement des aptitudes en vue du choix judicieux de la carrière à embrasser.

Continuez à décrier les hommes désintéressés et dévoués corps et âme à la démocratie, tout en les pillant. J'en connais un qui est prêt à vous pardonner le mal que vous lui avez fait, et aussi à *renoncer* au mérite de ses conceptions personnelles. A cette condition cependant : que vous ne les estropierez pas en les réduisant à *votre taille.*

Prenez l'initiative pour Paris, que chaque municipalité s'entende avec l'Etat, avec les corporations, et le monde entier applaudira l'œuvre que vous aurez menée à bien.

E. RATTIER.

Ancien sous-officier au 48e de ligne,
Ancien représentant du peuple.

NÉCROLOGIE.

Chers lecteurs, j'ai le regret de vous faire part de la mort d'un de nos plus dévoués collaborateurs.

Le citoyen Lebesgue, typographe à Beauvais (Oise) ; l'homme excellent dont vous avez pu apprécier les articles dans nos cahiers a cessé de souffrir le **13** de ce mois.

Pour nous ses amis, il vivra.

Nous conserverons en nous un bon souvenir de ce vertueux socialiste.

E. CHEVALLIER.

Paris, le 20 avril 1879.

Au Directeur des *Cahiers du Prolétariat* :

Cher Concitoyen,

Permettez-moi de vous indiquer quelques améliorations à apporter à nos Cahiers du Prolétariat.

Et d'abord, une observation à propos de votre revue rétrospective.

J'approuve le motif qui vous fait agir ; il est bon de rapprocher les époques et de démontrer l'honnêteté ou l'inconséquence plus ou moins calculées des hommes politiques.

Mais il y a une autre revue rétrospective à faire, celle-ci est un acte de justice populaire, à laquelle je suis sûr que vous mettrez tous vos soins.

Malgré son peu d'éducation morale et civique, son peu d'instruction, le peuple, la *vile multitude*, a eu ses penseurs, ses philosophes et ses sages.

Ces géants ont été à peine aperçus, parce que les écrivains bourgeois ne sont pas très-disposés à reconnaître à des prolétaires une capacité égale ou supérieure à la leur, et aussi malheureusement, il faut bien le dire parce que c'est la vérité, la masse populaire est encore trop ignorante, pour remarquer le mérite des hommes d'élite qu'elle a dans son sein.

Les *Cahiers du Prolétariat*, le journal *le Prolétaire* et autres publications prolétairiennes vont, je l'espère, faire sortir de l'ombre non-seulement les vivants, mais aussi les morts oubliés. Ouvrez donc votre livre aux justes revendications des amis de la justice démocratique.

Je crois que vous feriez bien aussi d'accepter des articles d'une certaine étendue, pouvant remplir une feuille de seize page, et même de 32 pages en deux fascicules : 16 à la fin d'un cahier et 16 au commencement de l'autre ; il resterait dans chaque fascicule 16 pages pour les articles plus courts.

Les citoyens, qui ont à publier des idées réformatrices et sociales dans l'esprit démocratique, trouveraient avantage à s'entendre avec vous ; car, outre la publicité des cahiers, vous pourriez leur fournir leur article en brochures séparées et en aussi grand nombre d'exemplaires qu'ils le désireraient

Il est bien entendu que ces citoyens devraient coopérer à la dépense dans une mesure déterminée.

Salut et Solidarité,

J. Deynaud.

Les observations de M. Deynaud sont en parfait accord avec mes intentions.

Lorsque je trouverai des hommes disposés à payer, tout ou partie de l'impression de leurs articles, ou seulement à en faire l'avance, pour un temps déterminé, j'accepterai des articles de 16 et même de 32 pages.

Mais il faudra avant tout que les sujets traités soient en harmonie avec nos aspirations et tendent au but que nous nous proposons.

Quant à l'idée d'une revue rétrospective des hommes qui ont honoré le travail. Je l'avais déjà adoptée, comme très-importante.

J'ai prié M. Odysse Barot de faire le compte rendu d'un livre très-remarquable, écrit il y a 25 ans par M. Domangerie, ouvrier tailleur ; ce compte rendu sera dans notre 9ᵉ fascicule.

Je prie nos lecteurs de me faire connaître les documents importants, pouvant servir à continuer cette revue rétrospective.

Le Directeur des Cahiers du Prolétariat,

E. Chevallier.

UN PROLÉTAIRE DE GÉNIE.

—

Qui donc prétendait que les classes ouvrières n'ont pas d'*hommes*, pas de personnalités capables de les représenter dignement ? Qu'il leur manque l'instruction, le talent, la science, la parole et la plume ?

Pourquoi n'a-t-on pu réussir encore à envoyer au Parlement républicain un travailleur manuel, tandis que l'Angleterre monarchique compte déjà deux ouvriers dans sa Chambre des Communes ?

Pourquoi les prolétaires, même dans les circonscriptions les plus radicales, même à Paris et à Lyon, même à Montmartre et à Belleville, n'ont-ils pas su jusqu'à ce jour confier à un des leurs le soin de leurs intérêts, le drapeau de leurs revendications.

« Nous manquons d'hommes ! » dites-vous avec une indifférence sceptique ; et vous prenez pour mandataire un bourgeois, n'ayant que des préoccupations bourgeoises ! Vous choisissez un avocat, un médecin, un journaliste, un négociant, un millionnaire !

Hé bien, non ! Vous ne manquez pas d'hommes. Je me ferais fort de trouver parmi vous, dans les plus humbles situations, 532 représentants aussi capables, aussi sensés, parfois aussi éloquents, et dans tous les cas, plus utiles que les 532 législateurs bourgeois qui siégent à Versailles, et parmi lesquels j'en connais 500 dont la médiocrité fait tout le mérite.

Il suffit de chercher, de regarder un peu autour de soi.

Tenez ! Il y a quelque part, à Paris, dans un atelier de tailleurs, un vieillard obscur et inconnu, doux et simple, modeste, sans prétention, dédaigné peut-être par ses camarades de travail, et qui se prend lui-même pour le premier venu. Voilà soixante ans qu'il pousse l'aiguille, qu'il coud des pantalons ou des paletots, qu'ils gagne péniblement sa vie, sans se douter qu'il soit capable d'autre chose !

Or cet ouvrier tailleur. — Il s'appelle M. Domenjarie n'est rien moins qu'une intelligence de premier ordre, qu'un esprit hors ligne, qu'un grand penseur et un grand écrivain ; rien moins qu'un homme de génie !

C'est un singulier hasard qui nous l'a révélé. Il a tenu à bien peu de chose que cette perle ne restât à jamais enfouie, que ce vieillard mourût quelque jour, comme il a vécu, ignoré de tous, sans rien laisser après lui !

Le Directeur des *Cahiers du Prolétariat*, M. Eugène Chevallier, en bouquinant naguère sur les quais, met la main sur un in-octavo de 160 pages, publié en 1854 par l'éditeur Guillaumin et intitulé :

LA LOI MORALE

LOI DE L'UNANIMITÉ

Par P.-N. Domenjarie

Ouvrier tailleur.

Intrigué par ce titre et surtout par la qualité de l'auteur, M. Eugène Chevallier achète le volume, le parcourt avec étonnement, est émerveillé de l'idée première qui l'a inspiré, de la hardiesse de la pensée jointe à une excessive modération de la forme, de la nouveauté des aperçus, de la netteté des formules... C'était une admirable trouvaille !

Le Christophe Colomb de cette découverte se met aussitôt à la recherche de l'auteur ; après un mois de patientes investigations, il finit par le dénicher dans un atelier où il va chaque jour pour gagner son pain.

Maintenant, pourquoi cette lumière avait-elle pu rester vingt-cinq ans sous le boisseau ? Voici l'histoire en deux mots.

Hélas ! c'est une infamie de plus à l'actif de l'Empire, une page de plus ajoutée, au martyrologe de la pensée.

Le livre n'avait point passé tout-à-fait inaperçu. Les encouragements n'avaient pas manqué à l'auteur. M. Emile de Girardin avait été frappé de la formule nouvelle trouvée par l'humble travailleur, et c'est sur les conseils et les bienveillantes incitations du directeur de la *Presse* que ces pages avaient été écrites, par une plume inexpérimentée et pourtant déjà sûre d'elle-même, par une main qui n'avait tenu jusque-là que l'aiguille et les ciseaux !

La *Presse* rendit compte du volume ; M. de Lourdoueix en parla dans la *Gazette de France*.., Mais aussitôt les parquets impériaux s'émurent ; on découvrit dans ces 160 pages si calmes, si élevées, si modérées, une foule de délits fantastiques. Procès, condamnation à *trois ans de prison* et à une amende énorme. Le livre est mis au pilon, l'auteur fuit en Angleterre,

et passe dans les douleurs et les misères de l'exil les cinq
ans de la prescription...

Et voilà comment il ne reste plus de cet ouvrage qu'un
seul exemplaire, échappé par miracle, et miraculeusement
déterré.

Je ne veux pas analyser le volume de M. Domenjarie. Il
va bientôt reparaître, je l'espère. Et, s'il n'y avait pas à Paris
un éditeur à la fois assez intelligent et assez républicain
pour prendre l'initiative d'une deuxième édition, nous n'hésite-
rions pas à la publier à nos frais.

Pour aujourd'hui je me borne à signaler ce curieux
ouvrage, sans même indiquer jusqu'à quel point j'en accepte
les théories et les conclusions. Que l'idée capitale en soit juste
ou fausse, que la formule soit bonne ou mauvaise, c'est ce
que la discussion seule peut ultérieurement établir. A coup
sûr c'est une œuvre infiniment remarquable de philosophie
politique, la plus remarquable peut-être qui ait paru depuis
le *Contrat social*.

M. Domenjarie est un disciple de Rousseau, mais un disciple indépendant, qui continue le maître en le rectifiant et le
complétant.

Son point de départ, c'est la formule de Rousseau : « Nul
ne doit obéir qu'à la loi qu'il a lui-même consentie. » Si cela
est vrai, il en résulte que la loi des majorités n'est pas plus
légitime, n'est pas plus la *vraie loi* que la loi de quelques-uns.
On n'a fait que changer de despotisme : voilà tout.

La seule loi réelle et juste, la seule loi qui ne constitue pas
une tyrannie, une usurpation, une oppression, un abus de la
force, une montrueuse dictature, la seule loi qui mérite le
nom de loi, c'est la loi de l'unanimité.

M. Emile de Girardin s'est inspiré de cette idée et l'a em-
pruntée à M. Domenjarie, dans son système électoral des *una-
nimités échelonnées*. Seulement l'éminent publicite s'est arrêté
à moitié chemin.

« Toute proposition, continue l'auteur, qui n'est pas d'une
évidence démontrée, tout ce qui laisse dans l'esprit l'ombre
d'un doute, ne peut servir de base à l'ordre social, ne peut
avoir *force de loi*... La vérité se démontre ; elle ne s'impose
pas. »

Les sciences exactes ont seules jusqu'ici résolu le problème de l'*unanimité*. Les lois d'Archimède, de Keppler, de
Newton, de Galilée de Lavoisier, de Berthollet, ne rencontrent
pas dans l'univers entier un seul opposant. Pourquoi donc la
science politique, aujourd'hui dans l'enfance, n'arriverait-elle
pas à la même précision, à la même universalité, à la même
unanimité ?

Déjà sur un point il y a entre tous les hommes un accord complet, sans dissidences, sans objections. La première loi de tous, *la première loi de l'être humain, c'est le bien—être.* On diffère sur les moyens, non sur le but.

Il y a mieux. Cette loi de l'unanimité, non-seulement elle n'est pas chimérique, mais elle est appliquée, pratiquée en partie et sur un point spécial, et depuis longtemps dans un pays voisin. En Angleterre, les jugements doivent être rendus non pas à la majorité, comme chez nous, mais A L'UNANIMITÉ. Et les jurés finissent toujours par arriver à un verdict unanime !

Je m'arrête, l'espace me manque pour développer les vues de M. Domenjarie sur l'application de cette loi de l'unanimité aux questions sociales, aux problèmes du travail, du capital, de la terre, de la propriété. Avec une inflexible rigueur de logique, l'auteur ne recule pas devant les conséquences qui découlent de ses prémisses et surtout de cette loi préliminaire unanime : *la loi du bien—être.* « Tant qu'il y aura sur cette terre, dit-il, *un seul homme qui prélèvera un centime sur le travail d'un autre homme,* la justice, l'amour, la vérité, le bien—être, ne seront pas de ce monde. » Il ne veut plus ni patrons, ni ouvriers, ni propriétaires, ni prolétaires, mais l'*égalité de tous devant la loi du travail.*

Ecoutez encore cette formule admirablement exprimée et qui dit tant de choses en si peu de mots :

« L'être humain a le droit de consommer l'équivalent de ce qu'il produit, et le devoir de produire l'équivalent de ce qu'il consomme. »

Je me résume :

Cette œuvre, ou plutôt ce chef-d'œuvre d'un homme supérieur, d'un prolétaire de génie, ce livre anéanti, mis au pilon par les magistrats de l'Empire, et dont il ne reste plus au monde qu'un unique exemplaire, ce livre doit être exhumé, mis en pleine lumière, et il le sera !

Prolétaires, c'est un des vôtres qui l'a écrit et vous avez lieu d'être fiers, et de ne pas désespérer de l'avenir !

Si ce volume tiré de l'oubli et de la poussière des bouquinistes, ne devait rencontrer dans notre pays que l'indifférence et le dédain, il faudrait désespérer à jamais de la France, de la démocratie et de la République.

Odysse Barot.

MANINESTE COLLECTIVISTE.

—

Notre livre est une enquête sociale où toutes les dépositions sont reçues, lorsqu'elles sont acceptables, et moi, directeur de la publication, je dois garder une neutralité bienveillante, afin que notre œuvre collective soit l'expression vraie des revendications prolétariennes, sous ses formes diverses : Je ferai en sorte qu'il en soit ainsi.

En conséquence de ma déclaration, je crois devoir donner place, dans nos *Cahiers du Prolétariat,* au programme qui va suivre ; je l'ai copié dans un journal de Montpellier.

E. C.

———

A l'égalité devant la loi proclamée il y a quatre-vingt-huit ans ;

A l'égalité devant le scrutin, proclamée il y a vingt-neuf ans ;

Nous voulons ajouter, sinon l'égalité organique et matérielle qui est affaire de temps, de beaucoup de temps, au moins *l'égalité devant les moyens de développement et d'action.*

Les *droits* ne sont que des paroles vaines pour qui manque des *moyens* de les faire valoir, écrivait Mazzini en 1842.

Et par suite de *l'inégalité des moyens* que les révolutionnaires de 89 et de 48 n'avaient pas faite mais qu'ils eurent le tort de respecter, de consacrer, l'*égalité des droits* civils et politiques qu'ils décrétaient était et devait rester lettre morte pour l'immense majorité du corps social.

La liberté individuelle devenait une réalité pour la classe possédante, qui n'était menacée dans la libre disposition d'elle-même que par les lettres de cachet. Mais pour l'ouvrier, obligé s'il veut manger et donner à manger à sa femme et à ses enfants, de se vendre, de vendre ses fatigues, sa santé, sa vie, à un prix sans proportion aucune avec les valeurs par lui créées, elle n'était qu'un mensonge.

Mensonge également la propriété, que la Constitution de 1791 range parmi « les droits naturels et imprescriptibles de l'homme », pour qui non-seulement ne possède rien, mais ne se possède pas lui-même et doit servir d'instrument à la fortune d'autrui !

Mensonge la sûreté que la même Constitution définit « protection accordée par la société à chacun de ses membres pour la conservation de sa personne et de ses propriétés ! » Le prolétaire n'a pas de propriété, et quant à sa personne, la société ne la protége ni contre la faim, résultat du chômage, ni contre l'avilissement des salaires amenés par la concurrence illimitée, ni contre la mort prématurée dans les puits à charbon, les mines de mercure, les soufrières, etc.

Mensonge la liberté de conscience, pour qui manque du développement intellectuel et scientifique sans lequel la conscience, c'est-à-dire une opinion raisonnée, positive, n'est pas possible !

Mensonge l'accessibilité de tous aux fonctions publiques pour la masse des salariés éloignés par la misère des écoles supérieures, des facultés, pour ne pas dire des écoles primaires, et condamnés, à l'atelier, à la manufacture, à la mine, dès l'âge de dix ans !

Mensonge la liberté du travail, d'après laquelle « aucun genre de culture, de commerce, ne saurait être interdit à l'industrie des citoyens », pour qui n'a ni terre, ni capital, ni crédit !

Mensonge l'électorat, pour qui ne sait lire ou est à la merci d'un maître qui lui demande son bulletin de vote !

Mensonge l'éligibilité, pour qui a conscience de son ignorance et ne se donnerait pas à lui-même sa voix !

Faire de ces divers mensonges autant de vérités pour tous, — et ce de la seule façon dont la chose puisse se faire, c'est-à-dire en assurant aux facultés d'un chacun un égal développement et un champ égal d'application, — voilà ce que nous voulons et ce que veulent avec nous, avant et plus que nous, pourrait-on dire, la justice et l'intérêt général.

Que notre tentative soit juste, c'est ce que nos adversaires mêmes, les bourgeois de l'heure présente, ne sauraient contester, eux qui ont accompli à la fin du dernier siècle, dans cette petite société qui est la famille individuelle, la révolution que nous voulons accomplir — et que nous accomplirons, qu'on n'en doute pas — dans la grande famille humaine, qui est la société.

L'ordre familial d'avant 89, comme l'ordre social d'aujourd'hui, était basé sur l'attribution à quelques privilégiés, remise au hasard de la naissance, de la totalité des ressources du groupe, à l'exclusion et au détriment des autres membres, de beaucoup les plus nombreux.

C'est ce qu'on appelait le droit de primogéniture ou d'aînesse.

Et le premier usage que fit de sa victoire le Tiers-

État, de *rien* devenu *tout*, ce fut d'abolir le droit d'aînesse ; ce fut « de faire disparaître cet attentat qui consistait à dépouiller les uns au profit d'un seul dans les familles, pour satisfaire l'orgueil de la race » ; et d'appeler tous les membres de la communauté à une part égale dans le patrimoine commun.

Or nous ne poursuivons pas autre chose.

Nous voulons à notre tour *faire disparaître cet attentat, plus énorme encore, qui consiste à dépouiller dans la société le plus grand nombre au profit du plus petit, pour satisfaire l'oisiveté de quelques-uns ;* nous voulons abolir le droit d'aînesse d'une classe et appeler chaque homme à une égale jouissance du patrimoine de l'humanité restitué à l'humanité.

Si la substitution de la famille égalitaire à la famille féodale d'autrefois était commandée par l'équité, comment la substitution de la société égalitaire à la société féodale d'aujourd'hui pourrait-elle ne pas l'être ?

Que d'autre part, l'intérêt public, social, doive trouver sa satisfaction dans la réalisation de notre programme, c'est ce qu'à défaut de la science le simple bon sens suffirait à établir.

Qui dit facultés dit forces, c'est-à-dire productivité et richesses. Que penserait-on d'un propriétaire qui laisserait en friche la majeure partie de ses terres, d'un éleveur qui laisserait décimer et épuiser par la faim les neuf dixièmes de ses troupeaux ? Qu'ils sont fous à lier ; qu'ils méconnaissent leur intérêt le plus vital. C'est cependant ce que fait, aux applaudissements de ses exploiteurs, la société actuelle lorsqu'elle laisse en friche l'intelligence du plus grand nombre de ses membres, lorsqu'elle laisse la misère paralyser ou briser leurs muscles. Et vouloir, comme nous le voulons, qu'il soit mis fin à un pareil état de choses, que les facultés d'un chacun, indistinctement, soient désormais assurées de leur développement intégral, c'est vouloir que la productivité humaine soit portée à son maximum.

D'un autre côté, sans matière première sur laquelle s'appliquer, l'activité cérébrale et musculaire, si exercée, si développée qu'on la suppose, est absolument et nécessairement stérile : c'est une roue tournant dans le vide. Or dans les conditions présentes, cette matière première, ce capital, accaparé, monopolisé par quelques-uns, n'est livré au travail fécondant que dans la mesure qui convient à ces quelques-uns. Le *fonds de production*, pour parler le langage économiste, est abandonné à l'arbitrage de l'intérêt individuel. Et vouloir qu'il en soit autrement, que le capital *désindividualisé* soit mis tout entier et toujours à la disposition de l'activité productrice de tous, c'est vouloir que la production sociale soit portée à son tour à son maximum.

La voie dans laquelle nous avons la prétention d'en-gager la démocratie française, le but que nous donnons d'ores et déjà à ses efforts, correspond donc, je le répète, à des exigences d'ordre moral et matériel à la fois.

Ce que nous voulons n'est pas seulement équitable, c'est l'équité même ;

Ce que nous voulons est possible ;

Ce que nous voulons est nécessaire.

Tel est notre socialisme, il n'a qu'un but : l'émanci-pation humaine ; le bien-être de tous par le travail et dans la liberté.

LES PLAIES SOCIALES.

—

UN REMÈDE.

LE DÉVELOPPEMENT DES INTELLIGENCES.

Non, le gouvernement républicain ne doit pas se désintéresser dans la crise sociale que nous traversons.

Plus tard, lorsque la nation sera majeure ; quand l'éducation civique aura fait des citoyens ;

Lorsque l'ignorance ne rendra plus infirme l'esprit d'un grand nombre d'honnêtes prolétaires, victimes des préjugés et des superstitions existantes ;

Lorsque l'instruction aura été donnée à tous avec abondance, suivant les facultés de chacun, sans distinction de castes (1);

Lorsque les communes seront des centres affranchis, formant par confédération la République française, alors l'action gouvernementale sera bien réduite; mais, pour en arriver là, pour aider la transformation, il faut que le gouvernement intervienne.

Il faut que nous tous, citoyens, nous fassions de la question sociale notre principale préoccupation.

Qu'attend-on, pour travailler à notre perfectionnement moral et matériel? Ne devrait-on pas mettre tous en œuvre pour tuer l'ignorance et la superstition ?

Ne devrait-on pas faire les plus grands sacrifices pour perfectionner la société française et donner à tous une sécurité et un bien-être, sans lesquels il ne peut plus y avoir de paix publique.

---

(1) Aux femmes autant qu'aux hommes, car ce que je veux pour les uns, je le veux pour les autres.

La Justice et la Raison disent que tous les hommes doivent avoir des droits égaux.

Que toutes les écoles publiques doivent être accessibles à tous les enfants, sans aucune distinction de castes. — Il est bon d'aller de l'avant ; je propose donc le projet de loi suivant :

INSTRUCTION PUBLIQUE.

Article 1er. — Les enfants de six à douze ans recevront, dans chaque commune, l'enseignement élémentaire.

Art. 2. — Les élèves des écoles publiques communales recevront l'instruction gratuitement, et tous, indistinctement, prendront à l'école, au milieu du jour, un repas fortifiant aux frais de la commune ou de l'État. Les enfants passeront toute la journée à l'école et ne rentreront qu'au soir dans leur famille.

Art. 3. — Les écoles du deuxième degré, aux chefs-lieux de canton, recevront tous les enfants de douze ans sortant des écoles publiques des communes ; ils y resteront jusqu'à l'âge de quinze ans.

Art. 4. — Les élèves des écoles du deuxième degré seront nourris, couchés, entretenus aux frais de l'État, sur le pied d'une parfaite égalité, sans aucune distinction ; le corps recevant autant de soin que l'esprit et le cœur.

Art. 5. — Un certain nombre d'élèves des écoles du deuxième degré, reconnus d'une intelligence supérieure, seront admis, après plusieurs épreuves très-sérieuses et très-exactes, dans les écoles du troisième degré.

Art. 6. — Tous les autres élèves du deuxième degré

rentreront dans leur famille ; mais ils devront suivre gratuitement les écoles du soir jusqu'à leur majorité.

Art. 7. — Les écolés du troisième degré, établies aux chefs-lieux des départements, ne recevront aucun autre élève que ceux sortant des écoles publiques des cantons, qui y seront admis après examens réitérés, constatant la capacité exceptionnelle des sujets ; ils resteront dans ces écoles jusqu'à l'âge de vingt-et-un ans.

Art. 8. — Des écoles spéciales supérieures seront fondées sur divers points de la France. Nul ne pourra être admis dans ces écoles s'il n'est pas passé dans les écoles publiques.

Art. 9. — Les élèves du troisième degré, âgés de vingt-et-un ans, choisis sans priviléges parmi les plus capables, seront admis selon leur aptitude, dans telle ou telle école supérieure. — Tous les autres seront placés dans les administrations ; ou bien, rentreront dans la vie privée, s'ils le préfèrent.

Art. 10. — A vingt-cinq ans, les élèves des écoles supérieures obtiendront, suivant leur capacité, dans la spécialité qu'ils auront choisie, des grades qui leur permettront d'entrer dans l'enseignement, la magistrature, l'administration, le corps des ingénieurs, des médecins, etc., etc.

Art. 11. — Dans toutes les écoles publiques, les frais de toutes sortes seront supportées par l'État, et les familles, sans aucune exception, n'auront à supporter aucune partie de la dépense : ainsi le veut l'égalité que nous voulons établir.

Art. 12. — Les familles qui ne voudront pas profiter de la gratuité des écoles publiques, pourront faire instruire leurs enfants dans des écoles privées, libres et tout-à-fait indépendantes ; mais l'éducation ainsi donnée, n'offrant pas à la communauté les garanties suffisantes, aucun agent de l'État ou des communes, ne sera pris en dehors des citoyens formés dans les écoles publiques.

———

J'entends crier à l'impossible! — Où prendre les ressources nécessaires à d'aussi fortes dépenses? Ce n'est pas sérieux, etc.

C'est très-sérieux, au contraire. Ce qui ne l'est pas, c'est ce qui se fait très-régulièrement aujourd'hui.

Où allez-vous, messieurs les conservateurs, avec votre admirable mécanique gouvernementale? Par la mauvaise administration de la chose publique, vous augmentez tous les jours le nombre des déclassés; le travail n'est plus une ressource certaine. — Vous avez aidé à développer des besoins légitimes, et vous ne faites rien de ce qu'il faut pour les satisfaire.

Mais, au contraire, vous prenez toutes les bonnes positions, et vous voulez les conserver. — Vous êtes riches, cela vous suffit.

Non, je me trompe, cela ne vous suffit pas. Vous n'en avez jamais assez, vous en voulez encore, et vous exploitez par tous les moyens la misère du peuple. — Par les machines, vous augmentez vos dividendes et nos chômages; — vous diminuez de plus en plus nos salaires.

Ces vérités, je les écris parce que ce sont des vérités; je ne les dis pas avec colère; la Raison me les dicte; je défends la Justice; je veux élever les faibles, instruire les ignorants : les puissants eux-mêmes profiteront de cette transformation !

Je veux l'égalité devant l'instruction, parce que c'est le seul moyen d'avoir l'égalité et la justice dans l'ordre social !

Quant aux dépenses à faire, elles ne doivent pas

nous effrayer ; nous aurons facilement les sommes indispensables, si nous voulons chercher les moyens de nous les procurer.

Les riches doivent payer d'une manière ou d'une autre, pour eux d'abord, pour leurs semblables pauvres en plus, car il faut faire une société équitable, si nous voulons éviter une révolution violente.

Supprimons en grande partie le budget de la guerre, supprimons le budget des cultes, et nous aurons des centaines de millions pour entretenir nos écoles.

Eugène Chevallier.

Un de nos collaborateurs les plus sympathiques, M. Emile Syffert, nous a demandé si nous voulions mettre dans nos *Cahiers du Prolétariat* sa brochure intitulée : *Le droit des opprimés ;* qu'ils paierait les frais d'impression? Nous avons accepté avec empressement cette offre généreuse. Mais en cette circonstance, nous croyons devoir rappeler que chacun de nous est responsable de ce qu'il écrit dans notre livre.   E. C.

LA SOLIDARITÉ.

Je ne suis ni positiviste, ni collectiviste, ni communiste. Je ne sais pas comment pourront se faire les réformes radicales qui doivent nécessairement s'accomplir dans notre organisation sociale.

Mais si nous voulons faire quelque chose de bon et de durable, il faut que les nouvelles bases constitutives établissent la solidarité des intérêts entre tous les Français, de manière que chacun puisse recevoir selon ses œuvres.

Il faut que la solidarité humaine bien comprise et bien pratiquée assure un travail rémunérateur aux hommes valides ; et un lieu de retraite ou de repos aux invalides et aux vieillards.

Il faut tout faire pour instruire les ignorants et moraliser la masse de la nation, afin de la rendre capable et digne de diriger elle-même les améliorations, les perfectionnements qu'on devra introduire dans la constitution de notre société.

Otons donc de notre esprit cette disposition funeste, qui nous porte à l'engouement pour les hommes nouveaux, pour les choses nouvelles.

Au lieu de nous passionner pour des sauveurs, qui ne trouvent jamais le temps de nous sauver ; au lieu de nous contenter de mots vides de sens, consolidons la solidarité des intérêts prolétaires par l'union et par la concorde.

Écrivons nos idées, discutons sérieusement les systèmes et mettons en pratique ce qui est pratiquable : l'expérience nous apprendra ce que nous devons demander au présent, et, de progrès en progrès, nous obtiendrons, avec le temps, un excellent résultat.

N. LORRAIN,
Gantier à Paris.

UN MOYEN EXTRÊME.

—

Prolétaires, jusqu'à ce jour bien des études ont été faites sur les réformes sociales, et, malheureusement, elles n'ont encore abouti à rien.

Une des questions qui a été le plus souvent agitée, est celle de la répartition des salaires ; qu'a-t-elle produit ? Rien, absolument rien.

Cependant, avec les salaires tels qu'ils sont établis,

est-il possible aux ouvriers de se nourrir et d'élever leur famille convenablement?

L'ouvrier célibataire a bien de la peine à gagner ce qui lui est nécessaire, comment pourrait-il pourvoir aux besoins d'une famille nombreuse?

Une meilleure répartition du produit du travail est donc indispensable, ou bien, la misère qui étreint les prolétaires, détruira toute énergie.

Voici un moyen qui pourrait faire réfléchir nos oppresseurs : Le célibat volontaire et général de toute la classe prolétairienne amènerait la dépopulation et l'obligation, pour ceux qui n'ont jamais rien produit, de travailler pour se nourrir.

Mais m'objectera-t-on, ce moyen n'améliorerait pas notre sort? — Je réponds: Les statistiques démontreraient, par des chiffres, l'importance des questions sociales à résoudre radicalement, et probablement nos législateurs trouveraient opportun de s'en occuper, toute affaire cessante.

Cela ne nous empêcherait pas de nous grouper pour défendre ce principe: que les affaires publiques ne seront bien administrées qu'autant que toutes les classes seront représentées dans nos assemblées législatives et que les travailleurs pourront y revendiquer hautement et librement le droit d'associer le travail au capital, afin que les prolétaires ne soient plus considérés comme des machines, mais comme des associés.

Adolphe Gillet,
Serrurier à Reims.

Le moyen extrême, indiqué par notre ami, le citoyen Gillet, est certainement impraticable, et pour qu'un homme, généreux comme lui, se soit arrêté un seul instant à cette idée, il faut que le mal qu'il signale soit bien grand! — Avis à nos députés.   E. C.

LE DROIT A L'EXISTENCE.

—

La commune doit à chaque être humain, par le seul fait qu'il existe, un minimum de ressources nécessaires à ses besoins les plus indispensables.

Ce minimun doit être calculé sur la durée de l'existence de chaque être, du jour de sa naissance au dernier jour de sa vie.

Cette idée, exprimée dans nos *Cahiers* par le citoyen Deynaud, me paraît parfaitement raisonnable ; mais il faut ajouter que chacun a le devoir d'être utile à la société dans laquelle il vit. Plus il rend de services à la communauté, plus il a de droits aux avantages sociaux.

Je vais, comme pour le Budget du prolétariat, donner quelques chiffres approximatifs, et, pour simplifier, je compte par famille de quatre personnes en moyenne.

J'applique mes nombres à une commune de mille familles (4,000 habitants) ; je fixe le minimum des besoins de chaque famille à 1,000 francs par année.

C'est donc mille fois 1,000 francs ou un million que la commune devra payer pour assurer l'existence matérielle de tous ses membres.

Et si une moitié seulement de cette population est en état de travailler, cette partie valide devra fournir à la communauté le double de ce qu'elle recevra : la loi de solidarité le veut ainsi.

Cette loi de solidarité me paraît assez simple, mais elle n'est pas suffisante pour assurer le fonctionnement de cette combinaison financière ; car, pour que la commune pourvoie aux besoins de ses membres, il faut qu'elle reçoive régulièrement la contribution des valides.

Et, pour que les valides paient leur contribution régulièrement, il faut leur assurer un travail rémunérateur et régulier.

La commune intervenant, cela me paraît facile : elle donnera sa garantie pour procurer des outils aux associations syndicales ouvrières. Par ce moyen, le produit intégral du travail profitera aux travailleurs ; ils pourront régler les salaires et l'emploi du temps d'une manière rationnelle.

Le travail organisé, la commune devra encore favoriser la loi de solidarité, en établissant un système d'échange. — Les associés pourraient, par exemple, payer les aliments et les autres objets qui leur seraient nécessaires par des heures de travail, que l'on transformerait en monnaie ayant cours, comme les billets de banque.

J'arrête là mes observations, je vous les soumets, chers Concitoyens. Je n'ai pas la prétention, ni pour mon budget, ni pour ce projet, d'avoir atteint le but que nous nous proposons : l'extinction du paupérisme et l'organisation du travail ; mais je fais preuve de bonne volonté en cherchant avec vous la meilleure solution; nous la trouverons, et alors nous aurons le bien-être et la concorde.

EUNÈGE,

Ancien Employé à Mirebeau (Vienne).

LE DROIT DES OPPRIMÉS.

—

Dans toutes les sociétés qui se sont succédé depuis la fondation des plus vieilles monarchies orientales, on peut distinguer deux classes d'individus bien distinctes.

Aux uns, les moins nombreux, appartient tout ce qui contribue à rendre la vie agréable; aux autres, tout ce qui peut la faire prendre en dégoût. — Entre les premiers, un injuste destin a inégalement réparti les richesses, le bien-être, les jouissances ; — aux seconds ont été réservées la misère, les privations, les douleurs : — à ceux-ci l'abjection, le mépris, l'obéissance passive ; — à ceux-là, les honneurs, la considération, la puissance. Si nous considérons l'humanité dans son ensemble, nous voyons donc le plus grand nombre des êtres qui la composent placé sous la dépendance d'une infime minorité. — *Vivre libre* constitue, cependant, pour l'espèce humaine, une condition naturelle d'existence. — A l'état primitif, l'homme, en effet, est aussi libre que les fauves dans ces immenses forêts où nulle créature humaine n'a jamais pénétré. — Le sauvage jouit d'une entière indépendance. — Chez les peuples que n'enchaîne aucun lien social, on retrouve cette liberté première. — Avant l'envahissement du Nouveau-Monde par la civilisation européenne, l'Indien errait, vierge de toute servitude, sous le ciel des savanes, au bord de ses grands lacs. — De nos jours, les Esquimaux vivent au milieu des neiges du Groenland, non moins libres que les Knistinos au pied des Montagnes-Rocheuses, que les Mosquitos dans les sierras des Cordillères de l'Amérique centrale.

Je n'entreprendrai pas de discuter les diverses théories auxquelles a donné lieu le contraste qui existe entre l'état de nature et l'état social relativement à l'homme. — Je me propose seulement d'établir les droits des déshérités du sort à l'égard des privilégiés, des opprimés envers les oppresseurs.

Si l'on admet que vivre libre soit pour l'homme un droit naturel, on conviendra, pour être conséquent avec soi-même, que l'oppression, qui consiste à violer ce droit, est un crime contre nature.

Se révolter contre cette violation, c'est donc à la fois revendiquer la possession d'un droit imprescriptible et protester contre un acte criminel.

[*]

Si l'asservissement du plus grand nombre résulte de la volonté d'une puissance supérieure, et que, d'accord avec les partisans du droit divin, on représente les oppresseurs comme des privilégiés ou des agents de cette puissance, on ne saurait, du moins, exiger des opprimés qu'ils acceptent volontairement un état de choses aussi inique.

[*]

Si cet état de choses est le simple résultat du hasard, aucune personne sensée ne peut s'étonner que ceux qui en sont les victimes s'efforcent de le modifier à leur avantage.

Des conclusions précédentes découle cette conséquence : toute insurrection contre la tyrannie est légitime.

[*]

On ne saurait mieux décrire l'affreuse situation faite aux esclaves dans l'antiquité, aux serfs durant le moyen-âge, aux prolétaires dans les sociétés modernes, qu'en appliquant à ces misérables ces beaux vers de Lamartine :

Les uns, le dos courbé, accouplés de lanières,
Traînaient les chars pesants dans les rudes ornières,
Ou, comme des taureaux saignant sous l'aiguillon,
Fumaient sous le soleil, dans le feu du sillon.
A leurs corps déchirés par d'horribles supplices,
Les yeux reconnaissaient leurs ignobles services.
L'habitude pliait leurs têtes et leurs cous,
Et leurs nuques gardaient les traces de leurs jougs.
Les autres, pour tailler ou pour scier les pierres,
Du marbre ou du porphyre excavaient les carrières ;
Et pour les soulever sous leurs corps en piliers,
Écrasés sous les blocs, périssaient par milliers (1).
Biens des membres manquaient à ces bêtes de somme :
Leur corps n'était souvent que la moitié d'un homme.
De noirs lambeaux, troués et souillés de vermines,
Par leurs mains retenus, laissaient voir leurs poitrines.
Leurs côtes se comptaient sur leurs flancs amaigris ;
Et les contours des seins, depuis longtemps taris,
Faisaient seuls reconnaître, à leurs ondes ridées,
Les mères sans enfants aux mamelles vidées.
On voyait qu'avec soin ces êtres abrutis
En outils animés étaient tous convertis ;
On sentait qu'énervés jusqu'à la pourriture,
Ils avaient dans leur moelle abdiqué leur nature.
Et descendu le vice à ce dernier degré
Où ce qui nous dégrade à nos yeux est sacré !

----

(1) N'est-ce pas là, aujourd'hui, le sort des mineurs et de tant d'autres malheureux asservis à des travaux meurtriers ?

Ce martyre est-il donc préférable au paisible sommeil de la tombe et ne justifie-t-il pas ces accents de rage et de désespoir qu'André Chénier prête à l'un de ces parias de l'humanité?

Et moi je le maudis, cet instant douloureux
Qui me donna le jour pour être malheureux,
Pour agir quand un autre veut, exige, ordonne,
Pour n'avoir rien à soi, pour ne plaire à personne,
Pour endurer la faim quand ma peine et mon deuil
Engraissent d'un tyran l'indolence et l'orgueil.
. . . .
... Les danses, les jeux, les plaisirs des bergers
Sont à mon triste cœur des plaisirs étrangers.
. . . .
..... Il n'est pour moi que des douleurs.
. . . .
..... Les fleurs et la rosée,
Et de vos rossignols les soupirs caressants,
Rien ne plaît à mon cœur, rien ne flatte mes sens.
Je suis esclave.

Sans prétendre assimiler à tous les points de vue les prolétaires aux serfs ou aux esclaves, on peut soutenir, avec raison, que, pour le plus grand nombre d'entre eux, voués à une vie de labeurs et de souffrances, l'existence est un fardeau et la mort un bienfait.

*_**

Si la mort est préférable à la servitude, l'indépendance est un bien plus précieux que la vie.

Ravir à quelqu'un sa liberté, c'est lui faire un mal plus grand qu'en lui prenant la vie.

Un oppresseur est donc plus coupable qu'un assassin.

Il est aussi naturel de recourir aux moyens extrêmes pour faire échouer les complots liberticides d'un oppresseur que pour contre-carrer les projets homicides d'un meurtrier.

« L'oppresseur est coupable, a dit Vergniaud ; il n'y a point de crime à l'immoler. »

Et Robespierre :

« Le procès du tyran, c'est l'insurrection ; son jugement, c'est la chute de sa puissance ; sa peine, celle qu'exige la liberté du peuple. »

****

La loi autorise, dans un cas de légitime défense, le meurtre d'un agresseur qui menace nos jours ; elle ne peut, sans inconséquence, défendre celui d'un criminel qui attente à notre liberté.

****

L'indépendance étant pour tout un peuple, comme

pour chaque citoyen, le premier des biens, on ne saurait s'étonner qu'il s'efforce de l'acquérir et de la conserver à tout prix.

***

A l'exemple de Rome, dévouant aux dieux infernaux la tête et les biens de quiconque aspirerait à la royauté, une nation ne doit reculer devant aucun procédé propre à faire disparaître le danger que constitue, pour sa sécurité intérieure, l'existence d'un despote — individuel ou collectif. — Et comme l'a dit l'auteur des *Châtiments* :

Tu peux tuer cet homme avec tranquillité !

***

Les tyrans, nous l'avons démontré, sont plus coupables que les assassins.

Ils sont, conséquemment, passibles d'une condamnation plus rigoureuse.

En leur infligeant le même supplice qu'aux scélérats vulgaires, la société fait donc preuve d'indulgence envers eux.

***

La réclusion à vie est, sans contredit, un supplice

plus cruel que la mort sur l'échafaud. — Les amis du despotisme qui pleurent les monarques tombés sous la hache des exécuteurs devraient donc bénir la mémoire des juges dont la sensibilité a épargné à ces bandits le séjour perpétuel des cachots.

***

« Le droit des hommes contre les rois est personnel, » a dit Saint-Just. Le peuple tout entier ne saurait contraindre un seul citoyen à pardonner à son tyran. — Il n'est pas de citoyen qui n'ait sur lui le droit qu'avait Brutus sur César! le droit d'Ankarstrœm sur Gustave !

On ne saurait, en effet, contester à chaque citoyen le droit de faire lui-même justice des tyrans, lorsque la loi les protège et favorise leurs forfaits.

***

Quand c'est pour sauver tout un peuple innocent,
Sied-il de marchander quelques gouttes de sang ?

(PONSARD, *Charlotte Corday.*)

Si, pour s'emparer du pouvoir suprême, pour étendre ou affermir son autorité, un despote ose méditer et ordonner le massacre de plusieurs milliers de citoyens, n'est-ce pas pour ceux-ci une obligation morale de prévenir ces atrocités en appliquant à ce tyran l'éloquente conclusion de Robespierre requérant la peine capitale contre un roi parjure et traître à la nation :

« Louis doit périr plutôt que cent mille Citoyens vertueux ; Louis doit mourir parce qu'il faut que la Patrie vive. »

***

Favoriser, soit activement, soit par une inaction préméditée, l'exécution d'un crime, c'est s'en rendre complice ; à ce titre, quiconque aide consciemment les entreprises des oppresseurs mérite de participer, dans une proportion relative, à la peine qu'au jour du châtiment la société inflige au principal coupable.

***

A défaut d'arguments plus sérieux, on pourrait m'objecter que les tyrans ne sont pas responsables des instincts pervers qu'il a plu à la nature de leur donner, ni du rôle plus ou moins odieux que le destin leur a imposé ici-bas.

A cela, je répondrai qu'un tigre, qu'un chien enragé, ne sont pas davantage responsables, l'un de sa férocité, l'autre du mal horrible qu'il peut communiquer. — Est-ce là une raison suffisante pour permettre au premier d'assouvir ses appétits sanguinaires, au second de donner libre cours à ses accès d'hydrophobie ? Conteste-t-on à la société le droit de les abattre ? Pourquoi ne jouirait-elle pas du même droit à l'égard des tyrans ? Ceux-ci ne sont-ils pas des animaux beaucoup plus malfaisants qu'un tigre ou qu'un caniche hydrophobe ?

Pendant dix-huit siècles, souverains, nobles et prêtres, ont traité les peuples comme de vils troupeaux qu'ils décimaient sans scrupules. — N'est-il pas logique que les peuples classent ces trois catégories d'individus parmi les êtres nuisibles à l'humanité ?

Ainsi que l'a écrit Ponsard, dans *Charlotte Corday* :

> Les bourgeois ont chassé les prêtres et les rois ;
> Bien ! Le peuple à présent chassera les bourgeois !

En tous temps, les despotes se sont servi des lois pour persécuter les défenseurs des libertés publiques. L'histoire fourmille de faits qui prouvent la vérité de cette assertion. — Le Code, d'ailleurs, n'est qu'un instrument de règne à la disposition des gouvernants.

A l'exemple d'un homme attaqué qui brise l'arme
dont son agresseur s'apprête à le frapper, le peuple ne
doit pas craindre de déchirer la loi lorsqu'on s'en sert
pour le tourmenter ou menacer son indépendance.

Devant la nature, tous nos actes sont égaux au point
de vuc moral. — Voyez l'homme à l'état primitif. — Il
ne possède aucune notion du bien, du mal, du juste
et de l'injuste. — Aucun scrupule ne l'arrête. — C'est
qu'en réalité, ces abstractions, destinées à modifier les
instincts de l'homme et à l'approprier aux exigences
de l'état social, ne sont que des conceptions de l'esprit humain. Les chefs spirituels et temporels des
peuples se sont constamment efforcés, dans l'intérêt de
leur propre conservation, de les inculquer aux masses,
sans jamais s'y conformer eux-mêmes. — La plupart
des faits que nous appelons manifestations de la conscience morale sont des conséquences de ces préjugés
sociaux et religieux. — Sur ces préjugés reposent les
législations des sociétés civilisées.

On doit, en toutes choses, considérer le but.
C'est en se conformant à cette maxime significative

que l'Église et les despotes ont de tous temps assuré
leur domination — Ce n'est qu'en leur empruntant et
en mettant en pratique ce sage précepte qu'un jour,
peut-être, les nouvelles couches sociales parviendront
à établir leur suprématie sur les ruines des institutions
contraires au bonheur de l'humanité.

ÉMILE SYFFERT,
de Cherbourg.

RÉFLEXION D'UN PROLÉTAIRE.

Puisque le soleil luit pour tous, la terre doit produire
pour tous. Assez d'exploitations ; il ne doit plus y en
avoir qu'une seule, l'exploitation de la terre par tous
et pour tous.

Que le riche garde son or, que le producteur profite
de sa production, et nous verrons où doit se trouver la
véritable richesse dans une société bien constituée !...

A. DUPUIS,
Tailleur à Amiens.

REVUE RÉTROSPECTIVE.

LE SOLDAT.

— Soldat, où vas-tu ?

— Je suis mon capitaine.

— Mais, où te conduit ton capitaine ?

— A la caserne ou au combat.

— Que fais-tu à la caserne ?

— J'y dors, j'y mange, je monte ma garde, fidèle à ma consigne que j'exécute sans raisonner.

— Et au combat ?

— Je mets en joue, et je tire.

— Sur qui, soldat ?

— Sur qui on me dit de tirer ?

— Tu pourrais bien tirer sur un ami, un frère, et même ton père.

— Dame ! à la bataille, tout ce qui est devant nous n'est qu'une cible ; les hommes n'y ont pas de nom.

— C'est triste, soldat !

— C'est affreux, citoyen ! Mais qu'y faire ? La salle de police, le boulet, la prison, la mort et le déshonneur sont là pour empêcher de demander pourquoi avant d'obéir.

— Soldat, je te plains de n'être qu'un instrument de guerre.

F.-V. RASPAIL.

LA POLICE.

—

Tant que le pouvoir aura entre les mains le Trésor et la police, il aura à sa disposition deux leviers irrésistibles pour renverser la Liberté.

En République, tout citoyen doit être garde national, et doit faire la police dans son quartier par tour de garde. La police ainsi entendue ne coûterait pas un sou à l'État et pas une larme aux familles.

Police fraternelle, conciliatrice et protectrice en même temps, qu'exigez-vous de plus pour que la cité dorme tranquille?

F.-V. RASPAIL.

UN CONSEIL.

—

Vous avez votre bonheur entre vos mains, si vous savez vous organiser et vous classer par rangs et par spécialités utiles, que vous pourrez, au besoin, désigner au choix de la République, afin que les faibles, les traîtres et les corrompus ne soient plus à même de vous surprendre.

F.-V. RASPAIL.

1849.

Périgueux. — Imprimerie Charles Rastouil et Cⁱᵉ, rue Taillefer, 31.

LES CAHIERS DU PROLÉTARIAT.

Je suis heureux, mes amis, de voir se terminer le premier volume de nos *Cahiers du Prolétariat*, et je suis fier du résultat que nous avons obtenu ; c'est un fait d'une grande importance et qui doit nous donner la volonté de mieux faire, en continuant notre publication.

L'accord que nous désirons voir régner entre les prolétaires, ne peut pas être tellement parfait qu'il n'y ait entre nous aucun dissentiment ; quand je parle d'accord et de solidarité, j'entends l'union possible, l'union suffisante pour marcher ensemble sur la route du progrès.

Les uns seront à l'avant-garde, les autres formeront l'armée de la Révolution sociale, que nous voulons opérer pacifiquement, au nom de la Vérité et de la Justice. L'arrière-garde même n'est pas à dédaigner dans la lutte gigantesque que nous entreprenons.

Ce que nous devons, ce que nous pouvons faire dès maintenant, c'est de nous grouper, c'est de nous instruire, c'est de mettre en pratique tout ce qui est praticable avec nos faibles moyens.

Comme nous ne pouvons changer nos mœurs du jour au lendemain, comme nous ne pouvons pas subitement donner aux uns plus d'instruction, aux autres moins de vices ;

Comme il faut plusieurs générations pour transformer la constitution de la propriété, et pour organiser logiquement le travail, nous devons faire l'union entre tous ceux qui, comprenant la nécessité des réformes sociales radicales, ont le cœur et l'esprit assez généreux pour marcher à l'avant-garde.

*
* *

Nous aurons une force morale qui deviendra invincible, si nous pouvons développer convenablement la loi de la solidarité parmi les travailleurs. Lorsque cette loi sera bien comprise, il suffira de dix années de paix intérieures et extérieures en France; de dix années d'organisation des forces prolétariennes, pour que la bourgeoisie disparaisse; et il n'y aura plus dans notre pays que le peuple souverain sans aucune distinction de castes.

Alors la transformation sera facile; nous marcherons à pas de géant sur le chemin du progrès, dans la voie du bien-être.

Ne perdons donc pas notre temps en luttes stériles, ne nous grisons pas de mots et de systèmes empiriques.

Mais étudions de bonne foi, avec gravité et persévérance, dans tous les groupes sérieux : chambres syndicales, associations, cercles ou sociétés de travailleurs.

Nous avons déjà fondé des centres d'informations et d'études : *Les Congrès ouvriers*, le journal socialiste ouvrier, *le Prolétaire*, notre livre des travailleurs, les *Cahiers du Prolétariat*. — Courage donc et union, la Justice aura sa Victoire.

*
* *

Quant à notre livre, mes amis. nous allons lui donner une importance de plus en plus grande. On nous a compris, on sait que nous n'avons qu'un but : l'amélioration du sort de tous ceux et de toutes celles qui souffrent des injustices sociales.

La femme, dans la société régénérée, ne sera plus opprimée par la loi de la force.

D'accord, avec cette intéressante moitié de l'humanité, recherchons les meilleures conditions de l'existence, pour que les deux sexes vivent en harmonie, en travaillant les uns et les autres, au bonheur commun.

Je vous ai déjà dit comment je comprends notre œuvre : Les *Cahiers du Prolétariat* ont surtout pour objet notre instruction sociale, par un échange mutuel et continuel de nos idées et de nos aspirations.

J'engage nos collaborateurs à ne pas oublier que nous voulons pacifier les esprits, tout en fortifiant et en stimulant l'action évolutionnaire du prolétariat.

Je compté sur vous, citoyens et citoyennes, pour faire, de notre deuxième volume, un livre vraiment utile à la cause que nous défendons.

Le Directeur des Cahiers du Prolétariat,
EUGÈNE CHEVALLIER.

LES PRISONS.

Travail des prisons. — Les ouvriers n'en veulent pas, ancien prisonnier, je proteste contre cette exclusion. — Qui consolera le prisonnier s'il n'a pas la distraction du travail ? Oter le travail au prisonnier serait la plus grande barbarie. Combien j'ai souffert là-bas quand nous manquions de travail !

Amnistie. — On ne songe pas à libérer immédiatement la moitié des prisonniers ; ce devrait être un des premiers vœux des prolétaires ? Malheureux, ils doivent comprendre le malheur. Notre avénement doit être celui du grand pardon. L'amnistie politique est bien, mais il y a aussi l'amnistie non-politique, presque aussi urgente que l'autre.

Les cachots.— Ah ! les cachots, j'y ai passé 17 jours, comme détenu politique ! et le carcan à supprimer ! et les chaînes aux pieds ! et le silence obligatoire ! et le coucher sur la pierre glacée et humide !

Régime de la prison. — Il faudrait permettre au prisonnier de se nourrir avec le fruit de son travail. — On lui donne souvent ce qu'il ne peut digérer (farine de maïs, riz, choux-julienne). Les prisonniers préfèrent souvent manger leur pain noir, sec.

Et les miasmes des excréments, dans des pots non couverts ou dans des baquets ouverts, à l'usage de 60 à 100 hommes ; voilà encore un supplice auquel on ne pense pas.

Le régime des prisons est infâme !.....

Chaque prisonnier devrait avoir sa cellule, où il pourrait se reposer, se recueillir, penser à ses amis, à son bonheur perdu ; où il pourrait écrire sa misère, lire aux moments qui lui sont laissés, travailler quand il serait possible, manger son pain noir quand il en aurait le courage. La loi nouvelle sur l'encellulement général a été faite par des gens qui ne savent pas compatir.

Dans les prisons, on donne dix minutes pour manger ; les barbiers improvisés, mal armés, vous écorchent horriblement ; il est défendu de coucher son tricot en hiver. — La prison, c'est la condamnation à mort par le froid en hiver, par la chaleur en été, par la famine, les miasmes et la terreur en tout temps !....

F. BESNARD,
A Azay-sur-Cher (Indre-et-Loire).

LE PROGRÈS MAL ÉQUILIBRÉ.

L'esprit humain invente et perfectionne tous les jours des machines, qui augmentent considérablement la force de production. Est-ce un mal ?

— Non, certainement, puisque ces machines aux mains des ouvriers faciliteraient le travail et diminueraient la peine.

— Mais, cependant, beaucoup se plaignent et disent : « Les machines augmentent notre misère, les machines sont la cause du chômage, les machines font diminuer le salaire, et l'homme devient de plus en plus un accessoire de la mécanique ; les machines diminuent la valeur morale et intellectuelle des travailleurs. »

— Tout cela est vrai, dans l'état actuel de notre constitution sociale, et le mal ne peut qu'augmenter encore si nous restons, non pas les esclaves des machines, mais les serfs des exploiteurs, qui peuvent seuls aujourd'hui posséder des machines.

— Quel est donc le moyen de briser la chaîne ?

— Le moyen est bien simple : Si les ouvriers comprenaient la solidarité, ils s'imposeraient toutes sortes de privations pendant quelques années, et, chaque corporation trouverait assez d'argent pour acheter des machines, fonder des ateliers corporatifs, qui ruineraient l'exploitation, et affranchiraient les travailleurs de la servitude.

GENTY,
Tailleur.

L'IGNORANCE.

—

L'ignorance n'est favorable qu'au despotisme ; aussi, tous ceux qui ont voulu régner sur les peuples et les opprimer, se sont-ils efforcés de les maintenir dans l'ignorance et la stupidité ; car, plus un peuple est ignorant, moins il est capable d'exercer ses droits par lui-même : il est donc plus facile à opprimer.

Cependant, le peuple ressent instinctivement le besoin de connaître ; il cherche la lumière, et, ne la trouvant pas, il est inquiet et défiant ; à l'occasion, il renverse tout, sans savoir pourquoi ; détruisant pour détruire : voilà l'effet de l'ignorance.

Nous naissons tous dans l'ignorance ; s'ensuit-il que nous devions y rester ? — Non.

Celui qui ne sait rien, qu'est-il en ce monde et qu'y peut-il être ? A quoi est-il propre ? C'est un instrument inconscient.

Notre force physique n'a de valeur qu'en se mariant à notre intelligence, qui la dirige. — L'homme ignorant n'est donc qu'une machine entre les mains de ceux qui l'exploitent dans un intérêt égoïste.

La science est un besoin impérieux, irrésistible de la nature humaine ; donc la science est un bien, et son contraire, l'ignorance, est un mal :

« Ne pas instruire le peuple, c'est le tuer moralement en le laissant tomber dans le mal, a dit Confucius ».

JULES PETIT,
Modeleur à Lens.

LE PROGRÈS ?

—

Un demi-million d'hommes exploitent dix millions de familles !

Cent mille font des fortunes colossales, quatre cent mille s'enrichissent plus ou moins, deux millions de familles vivent, cinq à six millions végètent ; deux à trois millions souffrent de la faim, et sont dans une affreuse misère ; assez souvent dans le vice obligatoire.

Des maisons comme le Louvre et le Bon Marché sont des maisons estimables, parce qu'ils font des affaires par centaines de millions. — Rothschild et autres archi-millionnaires sont naturellement des gens *comme il faut ;* — mais les hommes dévoués aux intérêts prolétairiens sont des hommes dangereux dont on doit se méfier.

Les gens d'en haut, les honnêtes gens, peuvent user et abuser de la vie : c'est très-juste, puisqu'ils sont riches...

Nous devons tous, nous, gens d'en bas, contribuer à leur rendre la vie facile et agréable ; — nous devons payer les impôts sans nous plaindre ; travailler pour ces messieurs et nous en trouver fort honorés ; mourir de faim s'il le faut, mais sans murmurer.

Nous devons élever nos garçons pour défendre leurs biens et leurs précieuses personnes ; et nos filles pour servir à leurs passe-temps.

Voilà ce que l'on appelle progrès en France, à la fin du XIXe siècle !!...

EUNÈGE.
Ancien employé à Mirebeau (Vienne.)

L'ÉDUCATION.

—

De toutes les qualités que nous pouvons développer chez les enfants, il n'y en a qu'une sur laquelle nous puissions compter : c'est le raisonnement, qui croît toujours lorsqu'il est bien cultivé.

Les grâces de l'enfance s'effacent, la vivacité s'éteint, la tendresse du cœur se perd ; l'habitude de raisonner ses actions ne se perd jamais.

Ceux qui entreprennent le travail difficile d'instruire l'enfant doivent donc stimuler sa curiosité par des pourquoi, provoquer son attention, son émulation, faire jouer enfin tous les ressorts de son jeune cerveau ; car du cerveau partent ou aboutissent les nerfs et les fibres, sources des idées et des sentiments.

Le cerveau et le cœur sont les deux foyers de la vie matérielle et intellectuelle.

C'est la mère qui doit la première développer les sentiments du cœur ; l'instituteur doit développer plus particulièrement les facultés de l'esprit.

Si l'éducation n'avait pour but que de former l'homme aux belles lettres et aux sciences ; si elle se bornait à le rendre habile au travail et aux affaires, si en cultivant l'esprit elle négligeait de régler le cœur, elle ne répondrait pas à ce qu'on doit en attendre.

Pour peu qu'on examine la nature de l'homme, il est aisé de reconnaître qu'il n'est pas fait pour lui seul, mais pour l'humanité.

Or, c'est la vertu qui peut mettre l'homme en état de bien remplir ses devoirs envers sa famille et envers l'humanité ; ce sont les qualités de son cœur, qui peuvent le rendre capable de vivre heureux dans la société de ses semblables.

C'est la vertu qui lui donne le goût de la véritable fraternité, en lui inspirant l'amour du prochain et le désir de lui être utile.

C'est la vertu qui lui fera pratiquer l'équité, qui lui fera rechercher l'approbation des gens de bien.

C'est la vertu qui le rendra désintéressé et libre, qui l'élèvera au-dessus des injustices, et qui le soutiendra pour supporter dignement les misères de la vie, s'il s'en présente d'inévitables.

CH. VERNEUIL,
Typographe.

ÉTAT RÉPUBLICAIN ET ÉTAT SOCIALISTE.

Le Pouvoir, l'État actuel est la résultante des volontés de quelques centaines d'individualités, avocats, médecins, hommes d'affaires, etc., la plupart beaux parleurs et d'une habileté extrême à jongler avec les mots et les idées. Les plus influents, les plus dirigeants ont été jusqu'à ce jour les plus audacieux à manquer à tous leurs engagements ; ils ont tellement généralisé cette pratique, et la nation a toujours été si complaisante à l'égard de leurs duperies, que l'avénement d'un honnête citoyen à la suprême fonction a soulevé toutes les acclamations et tous les étonnements comme si une souris eût accouché d'une montagne.

Ces personnages tirent cependant leur origine de l'élection populaire, de telle sorte qu'on pourrait les prendre à première vue pour les représentants de la volonté nationale.

Au fond ce qu'ils ont de commun avec la nation se réduit à ceci :

A certaines époques qu'on appelle périodes électorales, toujours de courte durée, ces habiles, sous le couvert d'une loi qui leur permet toutes les audaces et met leur vie privée à l'abri des discussions publiques, parcourent le terrain électoral acclamant les principes dans leurs discours et leurs professions de foi, trafiquant sournoisement de leur future influence pour s'assurer le concours des dirigeants.

Après ce premier acte de la comédie parlementaire, plus pressés de jouir que de faire honneur à leurs professions de foi, ces ambitieux éhontés, dans des circonstances solennelles, nous déclarent sans vergogne qu'ils ne relèvent que de leur conscience ou bien qu'ils sont les représentants de la France.

Ainsi, en formulant un contrat précis à Belleville, en débitant emphatiquement un vrai pot-pourri à Romans, on répond suivant l'occasion : le pacte tient toujours... ou bien notre programme est suffisamment connu...

On arrive au pouvoir en promettant de revendiquer la séparation de l'Église et de l'État, on le pratique en demandant à Versailles l'augmentation des appointements des desservants des paroisses ; on arrive au pouvoir en promettant de travailler à améliorer le sort des masses, on le pratique en déclarant au Palais-Bourbon qu'on a pas de plus grand souci que d'améliorer la situation des patentés, etc...

Lorsqu'on est élu à Belleville, on doit revendiquer les aspirations de Belleville ; lorsqu'on est élu à Fourtou-les-Badingouins, on doit représenter Fourtou-les-Badingouins ; et tous représentent la France lorsque la patrie est en danger : alors la lutte des opinions et des intérêts divers, d'où naissent le progrès et la prospérité générale, fait trève devant la nécessité de conserver intacte la raison sociale. ..

Un rouage administratif, essentiellement centralisateur, fait exécuter à la lettre les résolutions de nos politiciens, sans qu'ils abandonnent un instant la curée, où Puissants Seigneurs et Petits Baronnets échangent forces promesses, les uns pour peu donner, les autres afin de prendre beaucoup.

Voilà ce que disent et pensent les socialistes ; aussi veulent-ils remplacer l'État actuel par le contraire de ce qui est.

*
* *

La Commune, dernier engrenage de la machine administrative destinée à faire disparaître les initiatives individuelles devant les caprices de nos maîtres, deviendra, dans le système socialiste, le premier moteur d'un mouvement inverse substituant la volonté de tous aux préférences des politiciens.

L'État républicain bourgeois diffère de l'État monarchique en ce que l'un est un tour de force, tandis que l'autre est un tour d'escamotage.

La commune, mise en possession de sa propriété collective et de son autonomie morale, gèrera la première selon la loi générale faite d'après les vœux des mandataires communaux, réunis en conseil fédéral.

Le conseil municipal, expression des volontés des habitants de la commune, élu par le suffrage universel, se réunira en assemblée publique chaque fois que cela lui paraîtra nécessaire pour la bonne gestion des intérêts politiques et matériels de la collectivité.

Les dossiers des délibérations des communes, sur la question d'intérêt général, seront réunis au chef-lieu d'arrondissement pour être classés et devenir l'objet d'un rapport motivé, par les membres de ces colléges qui les enverront aux chefs-lieux de département, d'où ils seront, après une procédure analogue, soumis à l'Assemblée nationale qui formulera des lois selon l'esprit des conclusions des communes.

Les mandataires de tout degré seront élus chaque année à une époque déterminée par la loi générale.

Les droits d'être électeur et éligible devront être refusés à tout citoyen n'ayant pas un certificat d'instruction suffisante, et l'aliénation de la propriété ou de la volonté nationale ne pourra être mise en discussion.

CH. DEYNAUD.

LES CRISES INDUSTRIELLES, LES CHOMAGES.

LEURS CAUSES, LEURS REMÈDES.

—

L'Académie des sciences morales et politiques vient de mettre au concours cette question: « Du rôle de
» l'État dans l'ordre économique ; rechercher quels
» sont les bésoins dont la satisfaction requiert le con-
» cours de l'État et quelles limites lui assigne l'intérêt
» public chez les nations qui aujourd'hui réalise le plus
» grand progrès. »

Que le gouvernement de la République suive cet exemple en ouvrant un autre concours « sur les crises commerciales et financières ; de leurs causes et des remèdes économiques qu'il serait possible d'y apporter, » et le gouvernement aura bien mérité de la nation entière et de la classe ouvrière en particulier.

Nous ne croyons pas cependant à l'action efficace du gouvernement, nous préférons l'initiative ouvrière collective, les congrès ouvriers sont plus capables que les Académies et le Gouvernement à poser les questions de concours qui intéressent la classe ouvrière, c'est pourquoi nous réclamons l'abrogation des articles 291, 292, 293. Nous voulons le droit de réunion et d'association complet sans aucune restriction.

V. DESMAR,
Ouvrier bijoutier à Paris.

L'UNION DES PROLÉTAIRES.

Sans repos, ni merci, ni trèves,
Voilà mille ans que nous luttons ;
Jadis, nous fomentions les grèves,
Mais depuis trente ans nous votons.

Pourtant tout est encore à faire
Dans l'immense peuple ouvrier ;
Et le pain noir du prolétaire
Est toujours pénible à gagner.

Il faut défendre notre cause,
Nous, les souffrants du genre humain ;
Il faut, la raison nous l'impose,
Avancer la main dans la main.

Soyons, ô pauvres prolétaires,
Dans ce combat géant du droit,
Des travailleurs, non des sectaires,
Traçant un chemin sûr et droit.

Qu'en cette lutte résignée
Tous vains désaccords soient bannis ;
Notre cause sera gagnée,
Le jour où nous serons unis !

OCTAVE L.

SOCIÉTÉS DE CONSOMMATION.

—

DISTRIBUTION DU DIVIDENDE.

Notre regretté collaborateur, M. Lebesgue, de Beauvais, m'a envoyé, quelques jours avant sa mort, le complément de son travail sur les Sociétés de consommation ; en imprimant cet article aujourd'hui, je réponds au désir de notre ami : c'est l'exécution d'une promesse faite à un bon citoyen qui a voulu être utile à ses semblables pendant sa vie et après sa mort.

E. CHEVALLIER.

I.

Dans un article publié page 181 de ce volume, j'ai déjà traité cette question ; mais l'exiguité de notre format nous imposant à chacun des limites étroites, j'ai dû passer rapidement sur les raisons qui plaident contre la répartition au prorata des achats et sur celles qui plaident en faveur du système de répartition que je préconise.

Il est bon que je revienne aujourd'hui sur cette question à laquelle j'attache une grande importance ; car, de sa solution doit résulter, selon moi, pour les Sociétés de consommation, une ère nouvelle de prospérité.

J'ai dit et établi, dans mon premier article, que répartir le dividende au prorata des achats, c'était employer un procédé injuste et préjudiciable à la Société : — injuste, en ce qu'il permet aux sociétaires de jouir d'avantages plus considérables que ceux auxquels ils ont vraiment droit ; — préjudiciable, en ce qu'il diminue le nombre des actionnaires et entrave, conséquemment, l'accroissement du capital social.

Pour éviter ces deux inconvénients, j'ai proposé que la répartition ait lieu au prorata du temps de sociétariat et proportionnellement aux charges du sociétaire.

Sont à la charge du sociétaire, ai-je dit, les enfants n'ayant pas encore atteint l'âge de travailler et de gagner leur vie, et les personnes réduites à une incapacité absolue de travailler par infirmité ou vieillesse, à la condition, toutefois, que ces dernières n'aient aucun revenu. Je veux prouver qu'il n'y a que ces deux catégories de personnes qu'on peut, en conscience, reconnaître comme étant à charge à autrui.

Mais avant, je dois examiner une objection qu'on m'a faite.

La répartition que je propose devant se faire au prorata du temps de sociétariat et proportionnellement aux charges du sociétaire, il en résulte que si le nombre des parts de dividende dévolu à chacun est proportionnel à ses charges, les parts en échange, seront toutes égales, celles des enfants comme celles des grandes personnes. Nous avons constaté là, dans mon premier article, une petite irrégularité mathématique de 12 1/2 0/0 environ, supportée par les sociétaires n'ayant point d'enfants au profit de ceux qui en ont. J'ai indiqué le parti à tirer de cette irrégularité que l'on doit plutôt approuver que blâmer, au nom du principe de la solidarité bien comprise.

On m'a fait observer que non-seulement le chiffre de la consommation varie de grandes personnes à enfants, mais encore qu'il varie entre les personnes du même âge; qu'en conséquence, il n'est pas juste d'appeler ces personnes à participer par portions égales dans le dividende.

L'objection me paraît plus spécieuse que sérieuse, et j'estime que l'irrégularité qu'elle signale peut se chiffrer à peu près par zéro. Cela pour deux raisons.

En premier lieu, — laissant de côté les enfants dont nous n'avons plus à nous occuper, — je prends deux actionnaires quelconques, et je déclare, qu'en tant que *consommateurs individuels*, ces deux actionnaires sont deux unités égales : leurs besoins étant les mêmes, leurs dépenses sont à peu près égales.

Je ne conteste pas qu'il ne puisse y avoir une petite différence ; mais elle est tellement faible dans la plupart des cas, que c'est se montrer bien méticuleux que de vouloir en tenir compte.

Si de ces deux actionnaires l'un achète deux, trois, quatre ou cinq fois plus que l'autre, il serait évidemment absurde de dire que c'est parce qu'il mange, boit, se chauffe, s'éclaire deux, trois, quatre ou cinq fois plus que l'autre ; personne n'ignore que si ses achats sont plus considérables, c'est parce qu'il a derrière lui un plus ou moins grand nombre de personnes pour lesquelles il prend des marchandises et qu'il fait jouir ainsi des avantages de sociétaire sans qu'elles aient rempli aucune obligation, aucun droit pour cela ; ou si ce ne sont pas ces personnes qui bénéficient entièrement de ces avantages, c'est lui, l'actionnaire, qui bénéficie des avantages matériels de plusieurs tout en n'ayant payé que les droits d'un actionnaire.

Une des preuves les plus convaincantes de la presque égalité des dépenses individuelles, c'est l'égalité des salaires basée sur l'égalité des besoins. Les tarifs de main-d'œuvre sont les mêmes pour tous ; et si nous remarquons une différence de rémunération du travail, nous voyons qu'elle résulte, non d'une différence de besoins entre les hommes, mais de l'inégalité des rapports établis entre eux ; — inégalité qui est le fruit de l'ignorance, de l'indifférence et de la naïveté des uns, et de l'orgueil, de la cupidité et de l'ambition des autres.

Ceux qui gagnent davantage font peut-être de plus grandes dépenses ; mais ce n'est pas parce que leurs besoins sont plus grands ; c'est uniquement parce qu'ils disposent de plus de ressources : ils peuvent se payer, ou du superflu, ou des objets de meilleure qualité ; or, si ces sociétaires abandonnent un peu de leurs bénéfices au profit des moins favorisés qu'eux, j'estime que, loin d'être un mal, ce sera au contraire un vrai bien.

On voit donc que, les hommes ayant des besoins égaux, l'inégalité de consommation *individuelle* produite entre les sociétaires ne peut occasionner qu'une irrégularité insignifiante ; et que si, en tous cas, il y a irrégularité, ce sera au profit de ceux qui, ayant moins de ressources, doivent restreindre leur consommation ou ne consommer que des choses de qualité inférieure. Mais j'irai plus loin en répétant ce que j'ai dit précédemment, à savoir : que cette irrégularité se chiffrera à peu près par zéro.

La deuxième raison la voici :

Le premier des avantages du système de répartition que je propose est d'éviter que le sociétaire ne jouisse de droits plus considérables que ceux qui lui appartiennent. Or, sur ce point, même en appliquant mon système, on n'obtiendra, en réalité, qu'une demi-garantie, car, par la force même des choses, la répartition aura lieu à la fois au prorata des achats, d'une part, et au prorata du temps de sociétariat comme je le propose, d'autre part.

En effet, la Société de consommation livre ses marchandises au plus bas prix possible. Qu'en résulte-t-il ? C'est que toujours elle livre ses marchandises à meilleur compte que chez les commerçants. S'il y a exception sur quelques articles, en échange elle se rattrape sur certains autres ; et il est incontestable que, dans l'ensemble de ses livraisons, elle les fait à de meilleures conditions que dans les maisons de commerce.

Donc, la Société livrant à meilleur marché, le Sociétaire, au moment où il prend des marchandises, recueille déjà un premier bénéfice ; et quand la Société fait son inventaire général, s'il y a gain, le sociétaire participe à ce deuxième bénéfice. D'où l'on voit que ses achats lui procurent un profit qu'il touche en deux fois : premièrement, au moment de la répartition des marchandises ; deuxièmement, au moment de la répartition du dividende.

Or, si l'on répartit le dividende comme je le propose, il est évident que la deuxième partie du bénéfice sera répartie au prorata du temps de sociétariat selon mon système ; mais il est non moins évident que la première partie du bénéfice, ayant été touchée au moment même de la répartition des marchandises, sera forcément répartie au prorata des achats.

On aurait donc tort d'accorder à l'objection que nous venons d'examiner une importance qu'elle n'a pas ; et insister davantage pour montrer combien une opposition trop vive contre mon système a peu de raison d'être, ce serait faire injure au lecteur ; car si ce système, plutôt modéré que radical, — ne fait pas disparaître entièrement les abus, au moins les atténuera-t-il en partie ; et s'il en est qui persistent à faire des achats supérieurs à leurs besoins véritablement personnels tout en ne payant qu'un droit, ceux qui seront plus consciencieux y gagneront en touchant une portion de dividende grossie d'autant.

II.

Il nous reste à examiner s'il est vrai que les seules personnes que le sociétaire peut avoir à sa charge sont les enfants, ou les infirmes et les vieillards qui ne peuvent pas pourvoir à leurs besoins par le travail.

Je prends d'abord un intérieur qui ne comprend que l'homme et la femme. Je dis que dans cet intérieur la femme n'est pas plus à la charge du mari que le mari à la charge de sa femme. Tous deux ont, de par les lois de la nature, des besoins qu'ils ne peuvent satisfaire que par le travail ; tous deux doivent donc travailler pour la satisfaction de leurs besoins personnels : dans la communauté, chacun doit travailler selon ses forces et ses aptitudes ; et si la femme, en dehors des travaux du ménage, — insuffisants ici pour occuper tout son temps, — reste oisive, elle ne m'apparaît plus que comme une créature peu utile à la société, comme un objet d'agrément dont l'homme pare sa maison.

La femme a-t-elle été créée pour vivre sans travailler ? Evidemment non ! Ses besoins en sont une preuve. Et il est fort heureux pour elle que, toute faible qu'elle soit, la nature lui ait donné les moyens de se suffire à elle-même ; car si nous la voyons traitée en créature inférieure, si ses droits sont amoindris, si elle souffre plus que l'homme de l'ignominieuse exploitation du travail par le capital, je demande jusqu'où les abus de la force auraient fait descendre la pauvre créature si elle avait dû attendre ses moyens d'existence de l'homme.

La femme, comme l'homme, doit recevoir une instruction scientifique et professionnelle qui lui permette de vivre libre et indépendante : la femme n'est pas plus créée pour l'asservissement que l'homme. — Donc, dans un intérieur composé seulement de l'homme et de la femme, ces deux êtres ne sont et ne doivent être à la charge ni de l'un ni de l'autre.

Introduisons maintenant des enfants dans ce ménage. Aussitôt l'intérieur change d'aspect. La mère donne à ses enfants les soins qu'elle seule peut et doit donner ; il lui est impossible de se livrer à aucun genre de travail *productif de richesse*, comme on dit en économie politique ; les travaux du ménage et les devoirs maternels absorbent tout son temps et réclament toutes ses forces : seul, le mari rapporte de l'argent à la maison.

Direz-vous alors que la femme est à sa charge ? — Je dis que non. En effet, ceux-là sont à charge à qui il faut fournir tout et qui ne *rendent rien* : telle est la situation de l'enfant depuis le jour de sa naissance jusqu'à ce qu'il ait atteint l'âge de travailler et de gagner sa vie ; telle est la situation de toute personne réduite à une incapacité absolue de travailler par infirmité ou vieillesse, à la condition toutefois que cette personne n'ait aucun revenu.

Mais telle n'est pas la situation de notre mère de famille. Elle travaille, elle travaille même beaucoup, souvent plus que le mari, attendu que la nuit comme le jour les enfants réclament ses soins et que pour elle la durée de la journée de travail est illimitée, ou du moins n'est limitée que par les vingt-quatre heures dont se compose un jour.

Si le travail de la mère n'est pas directement productif de richesse, il l'est indirectement ; car supprimez cette mère par la pensée, et vous voyez aussitôt le père forcé de recourir à des mains étrangères pour effectuer l'ouvrage de la mère disparue ; calculez, ce qu'il devra débourser pour ce fait, et vous connaîtrez la valeur du travail de la mère de famille.

La femme, ici, n'est donc encore pas à la charge du mari ; ce sont les enfants seuls qui sont à sa charge, ou plutôt qui sont à la charge de la communauté, à celle de la mère comme à celle du père, puisque si ce dernier devient malade, infirme, ou s'il vient à mourir, tout le poids retombe en entier sur les épaules de la mère.

Mais si ces enfants sont majeurs, ou si, quoique mineurs, ils ont atteint l'âge de travailler et de gagner leur vie, aussitôt, par la raison qu'ils produisent, ils cessent d'être à charge aux autres ; en tant que producteurs et consommateurs, ils ont leur individualité distincte, ils acquièrent leur indépendance et reçoivent le poids de la responsabilité personnelle : ils vivent à leur corps défendant quoiqu'ils restent encore associés à la communauté.

Le père, la mère et ses enfants ne sont pas les seules personnes dont un intérieur puisse se composer. On y voit souvent, soit du côté de la femme, soit du mari, et quelquefois des deux côtés en même temps, le père et la mère de ceux-ci ou un oncle, une tante, un frère, une sœur, ou tout autre parent, ou quelquefois même simplement un ami. Or, on ne saurait dire que tous les membres d'un intérieur ainsi composé sont toujours à la charge d'un seul.

De cet examen, je tire une conclusion conforme à ce que j'ai avancé précédemment ; c'est-à-dire que, logiquement et normalement, le sociétaire ne peut avoir à sa charge que des enfants n'ayant pas encore atteint l'âge de travailler et de gagner leur vie, et des infirmes ou des vieillards réduits à une incapacité absolue de travailler, à la condition toutefois que ces derniers n'aient point de revenus.

Cette conclusion me semble irréfutable. Pourtant je sens qu'il peut encore rester quelques doutes chez un grand nombre d'esprits. Pour avoir raison de ces doutes, je vais signaler deux anomalies qui résultent de l'application du système de répartition que je combats.

Il est un préjugé très-répandu et dont beaucoup d'hommes, même des mieux intentionnés, subissent l'influence: c'est d'annuler l'individualité de la femme quand elle est *sous puissance du mari.* Ainsi, ils trouvent très-juste que la femme mariée, surtout quand elle a des enfants, soit considérée comme étant à la charge de son mari ; par conséquent rien de plus naturel pour eux que cet homme et cette femme jouissent des avantages matériels de deux, tout en ne payant que les droits d'un. Ils ne voient, dans ce couple, qu'un être qui a des besoins plus grands ; cet être se divise en deux parties, dont l'une seulement produit pour subvenir aux besoins du tout, et cette partie productrice, bien entendu, c'est l'homme.

Cette manière de juger de la valeur des deux êtres qui composent un ménage est fausse ; elle est surtout humiliante pour la femme, qui n'est plus considérée ici que comme la femelle, uniquement chargée de la reproduction de l'espèce. Or, si cette femme avait perdu son mari ; si, devenue veuve, elle était restée avec des enfants, veuillez donc me dire qui pourvoirait à ses besoins et à ceux de ses enfants? C'est elle évidemment. Eh bien ! dans cette situation, alors qu'elle est seule pour élever sa famille, vous exigez d'elle, n'est-ce pas, qu'elle paie les droits de sociétaire pour en recueillir les avantages. D'où il s'en suit que : si la femme est seule pour élever ses enfants, vous ne lui accordez les avantages de sociétaire qu'à la condition qu'elle en paie les droits ; tandis que si la femme est assistée de son mari, si elle a un soutien, un ami qui l'aide dans les difficultés de la vie, vous lui accordez, à elle et à son mari, la faculté de jouir des avantages matériels de deux en ne payant que les droits d'un. — Première anomalie.

Voici la deuxième :

Quand il s'agit de consommation, on estime que le sociétaire peut jouir d'avantages d'autant plus considérables qu'il compte un plus grand nombre de personnes dans sa maison; tous les membres de son intérieur sont considérés comme étant à sa charge ; on trouve naturel qu'ils consomment avec lui. Or, qu'and il s'agit de production, on n'entend pas du tout de cette oreille-là.

Si vous proposiez, dans les sociétés de production, que l'on accordât, comme dans les sociétés de consommation, les droits de plusieurs à un seul ; c'est-à-dire que, de même que dans la société de consommation, le sociétaire fût autorisé à faire produire avec lui tous les siens, aussitôt on se récrierait ; on traiterait votre proposition d'absurde, et l'on vous ferait remarquer que si le sociétaire peut se faire assister dans son travail par plusieurs membres de sa maison, c'est qu'alors cette maison compte plusieurs producteurs ; que ceux-ci, comme tels, doivent remplir les obligations imposées aux autres sociétaires s'ils veulent en acquérir les droits ; enfin que ceux-ci, par la raison qu'ils sont producteurs, ont leur individualité distincte et qu'ils ne sont à la charge de personne.

La réponse serait très-juste. Mais alors pourquoi refuser d'un côté ce que l'on accorde de l'autre? Pourquoi reconnaître, quand il s'agit de production, que les intérieures peuvent compter plusieurs producteurs, et quand il s'agit de consommation, ne pas vouloir en entendre parler? Expliquera qui pourra cette seconde anomalie.

Si l'on m'objectait que je suis dans la vérité en déclarant à charge d'autrui ceux-là seulement qui ne peuvent pourvoir à leurs besoins ; mais que mon système est inacceptable, attendu que dans un intérieur on ne consentira jamais à prendre autant d'actions qu'il y a de membres producteurs ; que cela effraierait, et qu'enfin bien souvent on ne le pourrait pas alors même qu'on le voudrait.

Voici ma réponse : Les statuts de la Société doivent donner toute latitude pour le paiement de l'action. Ainsi ils pourraient n'exiger le versement direct et immédiat que du premier dixième, soit cinq francs par action ; le solde de l'action se paierait en prélevant, sur la portion de dividende due au sociétaire, un ou deux dixièmes par année, jusqu'à libération complète de l'action. Le sociétaire aurait ainsi plusieurs années pour solder une action de 50 francs, et il paierait les neuf dixièmes de cette action avec le produit d'une partie de ses bénéfices. Par un procédé semblable, quel est l'intérieur qui ne pourrait prendre autant d'actions qu'il compte de membres producteurs.

Je termine. La question me paraît épuisée ; et ma tâche est accomplie. Je laisse au temps, à la réflexion et aux hommes de progrès le soin de faire le reste.

LEBESGUE,
Typographe à Beauvais.

LE PÉRIL SOCIAL.

—

Les opportunistes bourgeois sont très-embarrassés en ce moment, ils ménagent la chèvre, le chou et même le loup. — Ce qu'ils craignent, ce qui les effraie : c'est l'hydre.

Vous savez, l'hydre aux sept têtes qu'Hercule a tué, il y a plus de trois mille ans.

Cet hydre va ressusciter, à ce qu'il paraît, et il se nourrira exclusivement des bourgeois, dit-on.

C'est un péril social ; car s'il n'y avait plus de bourgeois, que deviendrions-nous, nous pauvres diables, qui ne pouvons vivre que par les lumières et par le travail de la bourgeoisie !

Ne nous laissons pas prendre à l'improviste ; recherchons les moyens de vivre, alors même que nos maîtres les bourgeois seraient tous croqués par l'hydre.

Après avoir mûrement réfléchi et pesé le pour et le contre, je crois pouvoir vous affirmer, mes amis, que nous n'avons rien à redouter, au contraire.

Quand nous n'aurons plus de maîtres, nous ferons la commune égalitaire. — Il n'y aura plus de luxe extravagant, mais il restera un luxe relatif, honnête et modéré dans le sens populaire. — L'utile aura la préférence en tout et partout : l'agréable viendra pour compléter le bien-être.

La loi de solidarité sera pratiquée, et personne ne sera plus exposé à mourir de faim. — Ne trouvant plus d'entraves à notre perfectionnement social, nous donnerons à tous les enfants une instruction et une éducation qui en feront de bons citoyens.

Nous développerons les facultés de chacun par la vraie science ; et la Raison sera partout d'accord avec la Liberté.

Nous prendrons nos sages pour arbitres, et nous vivrons tous d'accord. — Si malgré tout, il se trouvait des valides absolument réfractaires à la loi du travail, nous les prierions, et au besoin nous les contraindrions, d'aller ailleurs vivre à leur guise.

NOZEREAU.

REVUE RÉTROSPECTIVE.

FOI ET AVENIR.

Un jour au XVIe siècle, en Italie, à Rome, des hommes qu'on appelait *inquisiteurs,* et qui prétendaient tenir de Dieu même leur mission de pouvoir et de science, étaient réunis pour décréter l'immobilité de la terre.

Un prisonnier était devant eux. Son front rayonnait de génie. Il avait dévancé temps et hommes, et révélé le secret d'un monde.

C'était Galilée.

Il branlait sa tête chauve et vénérable, le vieillard. Son âme se révoltait contre la violence absurde de ces hommes qui voulaient le forcer à renier la vérité.

Mais un long malheur avait pesé sur son énergie primitive. La menace monacale l'écrasait. Il voulut se soumettre. Il leva la main pour jurer, lui aussi l'immobilité de la terre.

Mais en levant la main, il leva ses yeux fatigués vers ce ciel qu'il avait tant de fois parcouru pour y lire une ligne de la loi universelle : il rencontra un rayon de ce soleil qu'il savait, lui, immobile au milieu des sphères mouvantes.

Un remords lui glissa jusqu'au cœur. Un cri sortit, malgré lui, du fond de son âme de croyant : *Et cependant elle se meut.*

Et trois siècles se sont écoulés, inquisiteurs, inquisition, thèses absurdes imposées par la force, tout à disparu. Il n'est resté de tout cela que le mouvement constaté de la terre, et le cri sublime de Galilée surnageant au-dessus des âges.

Lève ton front enfant de l'humanité et dis : *Elle se meut.*

Foi et action ; à nous l'avenir !

J. MAZZINI.
1850.

AVIS

—

Nous avons pu soumettre la première livraison de notre livre : *Les Cahiers du Prolétariat,* au Congrès ouvrier de Lyon. Nous sommes heureux de pouvoir offrir au Congrès ouvrier de Marseille notre premier volume.

Nous appelons l'attention des amis du progrès par la justice, sur ces faits :

En 1876, le Congrès ouvrier de Paris a étonné, par son importance, nos adversaires eux-mêmes.

En 1877, le Congrès de Lyon a continué les études sociales commencées, qui vont être reprises et étendues, le 22 septembre 1879, au Congrès ouvrier de Marseille.

Nous engageons les divers groupes prolétariens de France à s'y faire représenter.

L'idée marche, malgré tous les obstacles : Le Journal socialiste ouvrier, LE PROLÉTAIRE. (1)

Notre livre des travailleurs, LES CAHIERS DU PROLÉTARIAT en fournissent la preuve.

(1) Abonnement, 50 centimes par mois, 6 francs par an. — S'adresser, 28, rue Royale, à Saint-Cloud (Seine-et-Oise).

TABLE DES MATIÈRES

—

PAGES.

Aux Travailleurs des Villes et des Campagnes....   1
Les Plaies sociales...................................   3
Solidarité..............................   7
Les Religions et la Conscience...........................   8
La Mère et l'Enfant......................................   13
Fragments des Mémoires d'un Enfant du peuple...........   14
Sociétés coopératives....................................   19
Instruction de la Femme.................................   28
Travail des Femmes......................................   29
La Bastille, poésie......................................   31
La Dignité humaine   33
Fragments des Mémoires d'un Enfant du Peuple...........   39
Chacun pour soi et Dieu pour tous.......................   42
Plus de Préjugés..   48
Religion..   50
La Femme et le Progrès..................................   51
Une Page d'histoire.....................................   53
Etat social de la population.............................   64
Les Plaies sociales   65
L'Association...   70
L'Éducation civique.....................................   71
Utilité de Journaux ouvriers.............................   73
L'Union fait la Force...................................   75
L'Avenir social...   77
Mission de la Femme....................................   80
Du Travail des Femmes..................................   81
Le Progrès social   84
Le Crédit   88
L'Armée et les Jésuites   91
Le Cœur et l'Estomac, poésie   93
Position des Femmes dans la société.....................   94
Deux Réclames bourgeoises..............................   98
A méditer..   103
Le Jury..   104
Du Travail des Enfants.................................   107
Honorons nos aïeux....................................   110
Les Plaies sociales. — Remèdes   112

PAGES.

La Femme dans la Société 117
L'Éducation des Enfants 120
Saint-Rémy-sur-Durolle................................ 121
Où allons-nous....................................... 123
Réformons nos mœurs.................................. 125
Les Déclassés.. 130
Un Remède souverain.................................. 131
Solidarité des Travailleurs............................ 134
La Police des mœurs................................... 136
L'Amnistie... 138
Instruire la Femme................................... 140
L'Éducation civique.................................. 144
La Bourse du travail................................. 147
Une Solution radicale de la question sociale.........151,170. 224
Est-ce une satire 159
Une Société qui agonise.............................. 161
Assistance publique.................................. 163
Logements des ouvriers 164
Aimons-nous.. 164
Grâce et Amnistie.................................... 165
Législateurs, vous vous trompez...................... 166
Le Prolétariat....................................... 167
La Femme de l'Avenir................................. 177
La Mode, poésie...................................... 180
Sociétés de consommation............................. 181
La Représentation nationale.......................... 194
La Vie privée des hommes publics..................... 200
La Justice... 202
La Police secrète.................................... 202
Lettre à l'Armée..................................... 204
La Faillite de la Bourgeoisie........................ 208
Le Bien peut produire le Mal......................... 212
Affranchissement du Prolétariat...................... 213
Une Langue universelle 216
De l'Utilité des Religions 217
Budget du Prolétariat................................ 219
L'Ignorance.. 236
La Naissance du Pauvre............................... 239
Une Profession de foi de Ledru-Rollin................ 240
Aux Grands Maux les Grands Remèdes................... 243
A qui la faute....................................... 244
L'Indifférence....................................... 245
Les Assurances contre les Accidents.................. 246
Le Divorce... 247
Diviser pour régner.................................. 248

	PAGES.
L'Arbitrage	249
Les Écoles d'apprentissage	250
Nécrologie	254
Une Proposition	254
Un Prolétaire de génie	257
Manifeste collectiviste	261
Le Développement des intelligences	266
La Solidarité	270
Un Moyen extrême	271
Le Droit à l'existence	273
Le Droit des opprimés	275
Réflexion d'un Prolétaire	286
Le Soldat	287
La Police. — Un Conseil	288
Les Cahiers du Prolétariat	289
Les Prisons	291
Le Progrès mal équilibré	293
L'Ignorance	294
Le Progrès	295
L'Éducation	296
L'État républicain et l'État socialiste	297
Crises industrielles	300
L'Union des Prolétaires, poésie	301
Sociétés de consommation	302
Le Péril social	312
Foi et Avenir	314
Avis	315

TABLE DES AUTEURS.

Odysse Barot, à Paris	208. 257
Mme Victorine Barot, à Paris	247
F. Bernard, à Azay-sur-Cher (Indre-et-Loire)	291
Gustave Biard, à Paris	125
Célestin Biesse, cordonnier à Blois	48
A. Boyer, employé de commerce à Marseille	177
Châteaubriant	16
Eugène Chevallier, instituteur à Paris....1.3.7.64.65.112. 130.163.165.194.202.236.254.256.266.289	315

	PAGES.
Alphonse Choix, cordonnier à Paris	53
Delaneufville, comptable à Rouen	88
V. Desmars, ouvrier bijoutier à Paris	300
Ch. Deynaud, employé de commerce à Paris. 151.170.224.254.	297
J. Douvry, cordonnier à Amiens	244
A. Dupuis, tailleur à Amiens ..134.	286
Eunège, ancien employé à Mirebeau (Vienne) ...219.249.273.	295
A. Gayet, mécanicien à Grenoble ...138.	246
V. Genty, tailleur à Paris ...19.212.	293
Ch. Gilbert, cordonnier à Saint-Rémy-sur-Durolle (Puy-de-Dôme)	121
A. Gillet, serrurier à Reims	271
Jacques Bonhomme	239
Mme Jaillet, lingère à Paris	19
Lachambaudie	93
Octave Lebesgue ...31.	301
Lebesgue, typographe à Beauvais .4298.181.	302
Le Cann, tapissier à Paris ...110.159.	180
Ledru-Rollin	240
Mlle Maria Leroy, giletière à Angers	120
N. Lorrain, gantier à Paris	271
J. Marat	94
J. Mazzini	314
M.-G., employé à Laval ...167.	213
Nozereau, à Paris	312
J. Petit, modeleur à Lens (Pas-de-Calais) ...33.107.	294
D. Pruvot, chaudronnier à Ailly-sur-Somme	248
F.-V. Raspail ...287.	288
Ed. Rattier, commissionnaire en librairie à Paris ...14.38. 123.147.165.204.	250
Mme E. R., à Paris	202
Ribins, employé de commerce à Reuil (Seine-et-Oise)	81
Ricois, employé de commerce à Paris ...51.	91
Mme Saint-Hilaire, à Paris ...13.51.75.117.	136
Schwander, pareur à Évreux	77
Émile Syffert, à Cherbourg ...104.144.216.245.	275
Thenard, graveur à Paris ...8.	84
Ch. Verneuil, typographe à Paris. 29.80.103.140.217.243.	286
Mme Wigurska	29

CAHIERS

DU

PROLÉTARIAT

AN 86

DE LA RÉPUBLIQUE FRANÇAISE

> Une époque viendra enfin où les frontières disparaîtront, toutes les guerres se dissoudront dans la fraternité des races ; ce sera le grand jour de la patrie humaine.
>
> Victor Hugo.

SANCERRE

IMPRIMERIE ET LITHOGRAPHIE DE A. AUPETIT

—

1878

36

CAHIERS

DU

PROLÉTARIAT

AN 86

DE LA RÉPUBLIQUE FRANÇAISE

> Une époque viendra enfin où les frontières disparaîtront, toutes les guerres se dissoudront dans la fraternité des races ; ce sera le grand jour de la patrie humaine.
>
> Victor Hugo.

AUX TRAVAILLEURS.

Nous ne sommes pas des sectaires ; nous recevrons avec bienveillance tout ce qui pourra servir les intérêts moraux et matériels du peuple ; adressez-nous vos idées de réforme, vos projets d'amélioration et nous les publierons. *(Cahiers du Prolétariat).*

PRIX : **25** CENTIMES.

SANCERRE

IMPRIMERIE ET LITHOGRAPHIE DE A. AUPETIT

1878

4e FASCICULE

CAHIERS

DU

PROLÉTARIAT

AN 86

DE LA RÉPUBLIQUE FRANÇAISE

> Une époque viendra enfin où
> les frontières disparaîtront, toutes
> les guerres se dissoudront dans la
> fraternité des races ; ce sera le grand
> jour de la patrie humaine.
>
> VICTOR HUGO.

PRIX : **25** CENTIMES

SANCERRE

IMPRIMERIE ET LITHOGRAPHIE A. AUPETIT

1878

AVIS IMPORTANT

Notre livre est ouvert à tous ceux qui ont des choses utiles à mettre dans la communauté. Nous nous proposons le perfectionnement individuel autant que le perfectionnement social ; c'est donc un livre d'éducation mutuelle et civique, en même temps qu'un recueil de pièces devant servir à une meilleure organisation de notre société.

Chacun de nous doit apporter ses matériaux ; quand on construira, on choisira ceux qui seront jugés les meilleurs. En attendant, la comparaison nous servira beaucoup ; nous nous instruirons par l'habitude que nous prendrons de réfléchir et de juger.

Pour faire réussir notre entreprise, il faut :

1° Rechercher dans chaque département au moins un correspondant qui aura le titre de fondateur des *Cahiers*, et qui recevra 10 livraisons, franco, pour 2 fr. 50 dans les départements et pour 2 fr. à Paris ;

2° Rechercher des souscripteurs qui paieront 2 fr. 50 pour les 10 livraisons formant le 1er volume ;

3° Vendre au prix d'un franc les 4 livraisons parues ; pour les recevoir, il suffira de m'envoyer 1 fr. en un bon sur la poste ;

4° Intéresser à notre entreprise des philanthropes disposés à nous soutenir efficacement.

Aidez-moi, citoyens travailleurs, et nous ferons une suite de volumes qui contribueront puissamment à notre émancipation morale et matérielle.

EUGÈNE CHEVALLIER.

AUX AMIS DU PROGRÈS

Le livre que nous publions sous le titre de *Cahiers du Prolétariat* a donné, dans ses quatre premières livraisons, la preuve que les travailleurs connaissent leurs devoirs et leurs droits, et qu'ils veulent, en dignes citoyens, prendre une part active et directe aux réformes qu'il faut absolument opérer dans notre société française.

On ne peut pas, dans un état républicain, trouver mauvais que les prolétaires viennent donner leur avis sur les questions qui les intéressent d'une manière toute spéciale.

C'est en effet pour la masse de la nation, pour les travailleurs opprimés que les améliorations doivent toutes être faites.

Ceux qui ont une position privilégiée trouvent que tout va bien, et naturellement ne demandent pas des réformes sociales, qu'ils qualifient d'utopies dangereuses et subversives.

Non, les améliorations sociales ne sont pas subversives : c'est le progrès régulier ; c'est la vérité, la raison, la justice en pratique ; c'est l'ordre, l'ordre véritable, puisque les réformes que nous réclamons doivent tout mettre à sa place, choses et gens.

Que les bons citoyens nous viennent en aide dans la mesure de leurs forces, et notre livre servira puissamment à assurer la paix sociale dans notre pays.

Eugène Chevallier.

Fondateurs des Cahiers du Prolétariat

Eugène CHEVALLIER, Instituteur libre, à Paris.
Edmond RATTIER, commissionnaire en librairie, à Paris.
GUILLET, menuisier à Paris.
LORRAIN, gantier à Paris.
DEPECKER, tailleur à Paris.
Arthur PETIT, employé à Paris.
LE CANN, tapissier à Paris.
Camille-François CHASSING, à Paris.
Mme Emile SAINT-HILAIRE, artiste à Paris.
LEBÈGUE, sellier à Paris.
THÉNARD, graveur à Paris.
VERNEUIL, typographe à Paris.
DURAND, tailleur à Paris.
FIRMIN, tailleur à Paris.
GENTY, tailleur à Paris.
BLANC, tailleur à Paris.
Emile SYFFERT, correcteur à Cherbourg.
LEBESGUE, typographe à Beauvais.
Jules PETIT, modeleur à Lens.
SCHWANDER, pareur à Evreux.
DROUARD, cordier à Mézières.
RENNESSON, employé à Sedan.
LAURENT, peintre à Reims.
GILBERT, cordonnier à St-Rémy-s/-Durolle (Puy-de-Dôme).
GAYET, mécanicien à Grenoble.
BIESSE, cordonnier à Blois.
DELANEUFVILLE, comptable à Rouen.
R. PAPIN, cordonnier à Coulaines, près le Mans.
A. DUPUIS, à Amiens.
Paul ANGIGNARD, à Pasdejeu (Deux-Sèvres).
PERDREAU, à Blois.
X. BOUDIN, emballeur à Beauvais.
A. GRASSÉ, tablettier à Beauvais.
N. LEROY, employé à Beauvais.
F. ARSOLA, boutonnier à Beauvais.

Pour faire que notre livre ait une marche vive et régulière, il nous faut cent correspondants fondateurs. J'engage tous les citoyens dévoués qui veulent travailler à l'émancipation des prolétaires à m'envoyer leur adhésion, 9-11, rue du Jour, à Paris.

Eugène CHEVALLIER.

L'UNION OUVRIÈRE

SOCIÉTÉ

COOPÉRATIVE, COMMERCIALE ANONYME

A PERSONNEL ET CAPITAL VARIABLES

En formation pour la création du Journal

LA SOLIDARITÉ

JOURNAL

Des Travailleurs des villes & des campagnes

DEMANDE DE REPRÉSENTANTS DES DÉPARTEMENTS

Le Comité d'initiative des **Cahiers du Prolétariat** veut se mettre en rapport, dans chaque département, avec un où plusieurs démocrates dévoués, désirant prendre part à l'enquête sur les causes du mal et rechercher les moyens pacifiques les plus prompts et les plus pratiques pour y remédier.

Ecrire franco à M. E. RATTIER, ancien représentant du peuple, commissionnaire en Librairie, n° 62, rue des Gravilliers ou à M. Eugène CHEVALLIER, 9-11, rue du Jour, Paris.

L'UNION OUVRIÈRE

SOCIÉTÉ

COOPÉRATIVE, COMMERCIALE ANONYME

A PERSONNEL ET CAPITAL VARIABLES

En formation pour la création du Journal

LA SOLIDARITÉ

JOURNAL

Des Travailleurs des villes & des campagnes

S'adresser à Eugène Chevallier, 9-11, rue du Jour, à Paris, pour les renseignements ou communications